Bruder Philip

GEHEIMNIS DER ANDEN

Saint Germain-Verlag

Made in Germany

ISBN 3 - 925612 - 01 - 7

1. Auflage 1986
2. Auflage 1988
3. Auflage 1991

Umschlagentwurf: Hanns-Joachim Starczewski
Druck: 1. Auflage Andreas Geise ; weitere Auflagen Scan + Litho Grosse Koblenz

Anmerkung des Übersetzers:

Die Übersetzung dieses Buches in die deutsche Sprache widme ich meinem Geliebten Lehrer Aramu-Muru, der in Seiner gegenwärtigen Inkarnation in Indien lebt und 1955 die sozio-spirituelle Gemeinschaft von ANANDA MARGA gründete.

Ich beuge mich in tiefer Demut vor dem Unendlichen Einen und danke für Seine Gnade und Seine Inspirationen und Erkenntnisse, die dieses Buch in der deutschen Sprache ermöglichten.

Auch möchte ich hiermit Marjellchen, Gopi und Bernd danken, die mich durch ihre aktive Mitarbeit unterstützt haben.

Möge dieses Buch allen Wahrheitssuchern und Schülern des Lichtes eine inspirierende Hilfe sein und sie dem Licht und der Wahrheit näherbringen.

Wiesbaden, im Mai 1982

FÜR DAS GEIST- UND HEILZENTRUM IN HÖHR- GRENZHAUSEN, IM MITTELPUNKT EUROPAS.

In Liebe Shiila

INHALT: SEITE:

VORWORT

Das 'Geheimnis der Anden' spricht zu uns in den Worten des Trösters, des Heiligen Geistes, den uns Christus versprochen hat.
Über die Lehre der Bruderschaft werden uns Hilfen gegeben, um eine klare Vision der an uns gestellten Aufgaben zu erreichen. Wir erhalten Antworten auf die Fragen: 'Woher komme ich?' - 'Wozu lebe ich?' - 'Was ist mein Ziel?'

Jesus hat vor 2000 Jahren in klarer Vision erkannt, daß ein wesentliches Mißverständnis seines Auftrages darin bestehen würde, daß die Menschen seine Person verehren würden und es dabei versäumten, **selbst** Christus zu werden. Dieses Tun der Menschen äußert sich im Aufbau von Idolen und in Abhängigkeit davon. Dadurch ist der Mensch verhindert, dem Bedürfnis seiner Seele nachzukommen, die nach Wahrheit hungert.

So stehen wir im Wassermann-Zeitalter mehr denn je in der Herausforderung, die in uns lebenden Christusmuster zum Leben zu erwecken.
Die Aufgestiegenen Meister der Großen Weißen Bruderschaft und die Erzengel dienen diesem Auftrag, das in uns lebende Wort aufzubauen.
Lesen und leben Sie 'Geheimnis der Anden!'

Der Verleger

Wir machen unsere Leser darauf aufmerksam, daß sprachliche Eigentümlichkeiten syntaktischer und semantischer Art gemäß Übersetzung von Shiila Barion bewußt beibehalten sind.

DIE HERKUNFT DER BRUDERSCHAFT DER SIEBEN STRAHLEN

LEMURIA ist der Name für den letzten Teil des großen Pazifikkontinents Mu. Die tatsächliche Zerstörung von Mu und sein Untergang begannen vor 30.000 Jahren v. Chr. und dauerten viele tausend Jahre an, bis der letzte Rest vom alten Mu, bekannt als Lemuria, ebenfalls in einer Serie neuer Verheerungen, die zwischen 10.000 und 12.000 v. Chr. stattfanden, unterging. Das geschah kurz vor der Zerstörung von Poseidonis, dem letzten Überbleibsel des Atlantikkontinents Atlantis. Lord Aramu-Muru (Gott Meru) war einer der großen Lemurischen Weisen, und unter seiner Obhut befanden sich die Schriftrollen während der letzten Tage des verurteilten Landes Mu.

Den Meistern von Lemuria war es sehr wohl bekannt, daß eine letzte große Katastrophe gigantische Flutwellen verursachen würde, um den Rest ihres Landes hinunter in das wütende Meer und in die Vergessenheit zu holen. Diejenigen, die auf dem Linken Pfad arbeiteten, setzten ihre teuflischen Experimente fort und beachteten nicht die 'Handschrift an der Wand', genau wie heute auf Erden Millionen Einwohner fortfahren zu 'essen, zu trinken und ausgelassen zu sein', obwohl die Zeichen der Zeit von den aufrechten Leuten des Unendlichen Vaters klar erkannt werden.

Die Meister und Heiligen, die auf dem Rechten Pfad arbeiteten, begannen, die kostbaren Urkunden und Dokumente in den Büchereien von Lemuria zu sammeln. Jeder Meister wurde von dem Konzil der Großen Weißen Hierarchie ausgewählt, in einen anderen Teil der Welt zu gehen, wo er in Sicherheit eine Schule der Alten und Geheimen Weisheit gründen konnte. Dies geschah, um das wahre wissenschaftliche und spirituelle Wissen der Vergangenheit zu erhalten und zu bewahren. Zunächst mußten diese Schulen für viele tausend Jahre ein Mysterium für die Weltbewohner bleiben. Seitdem werden sie auch heute noch Geheimschulen oder Shan-Gri-Las der Erde genannt.

Lord Muru, einer der Lehrer von Lemuria, wurde von der Hierarchie beauftragt, die heiligen Schriftrollen zusammen mit der enormen Goldenen Sonnenscheibe in seinen Besitz und in die Berggegend eines neu gebildeten Sees zu bringen, in dem heute Südamerika liegt. Hier wollte er den Brennpunkt der Flamme der Erleuchtung bewachen und erhalten. Die Goldene Sonnenscheibe war im großen Tempel des Göttlichen Lichtes in Lemuria aufbewahrt worden; sie war nicht nur ein Objekt des Rituals oder der Anbetung, noch diente sie später nur diesem einen Zweck, als sie von den Hohepriestern der Sonne unter den Inkas von Peru benutzt wurde. Aramu-Muru reiste in einem seiner Silbernadel-Luftschiffe der damaligen Zeit in das neue Land.

Während die letzten Reste des ehemaligen Kontinents in den Pazifik niedersanken, ereigneten sich überall auf der Erde schreckliche Katastrophen. Zu dieser Zeit wurde die Region der Anden geboren, und sie entstellten die Westküste Amerikas. Die alte Stadt Tiahuanaco (Bolivien) war damals eine große Hafenstadt und eine Kolonialstadt des Lemurischen Reiches von Pracht und Bedeutung für das Mutterland. Während der folgenden Sintfluten wurde die Stadt von Meereshöhe und aus einem milden, tropischen Klima, emporgehoben auf eine unfruchtbare, leergefegte Hochebene in ein frostiges, arktisches Klima.

Bevor all dies stattfand, hatte es keinen Titicaca-See gegeben, der heute der höchste, schiffbare See der Welt ist - über 4.000 m über dem Meeresspiegel. Es war also ein neugebildeter See, an dem Lord Muru vom versunkenen Lemuria eintraf. Hier gründete, organisierte und verewigte Aramu-Muru das Kloster der Bruderschaft der

Sieben Strahlen. Dieses Kloster, das der Bruderschaft eine Heimstatt für alle Zeiten auf Erden werden sollte, wurde in einem gewaltigen Tal errichtet, das während der Tage der Geburt der Anden entstanden war. Dieses Tal war ein seltsames Kind der Natur, die ihm in der Lage und Höhe ein warmes, halb-tropisches Klima gab, in dem Früchte und Nüsse zu außergewöhnlicher Größe heranwachsen konnten. Hier auf den Ruinen, die einst auf Meereshöhe gewesen waren, wie die Stadt Tiahuanaco, errichtete Lord Muru das Kloster aus gigantischen Steinblöcken, die nur durch die Energie der Ur-Lichtkraft geschnitten wurden. Diese zyklopische Struktur ist heute dieselbe wie damals, und sie besteht weiterhin als Aufbewahrungsort Lemurianischer Wissenschaft, Kultur und geheimen Wissens.

Die anderen Meister von Lemuria, dem verlorenen Kontinent, reisten in andere Teile der Welt und errichteten ebenfalls Geheimschulen, so daß die Menschheit durch alle Zeit auf Erden das geheime Wissen versteckt haben würde, nicht verloren, sondern verborgen, bis die Erdenkinder spirituell so weit fortgeschritten waren, um die Göttliche Wahrheit wieder zu studieren und zu benutzen.

Die geheime Wissenschaft von Adoma, Atlantis und anderen weit vorgeschrittenen Weltzivilisationen findet man heute in den Büchereien dieser Schulen, denn diese Zivilisationen sandten ebenfalls weise Männer aus, um Innere Zufluchtsorte (Retreats) und Heilige Stätten auf der ganzen Welt zu gründen.

Diese Retreats standen unter der direkten Führung und Obhut der Großen Weißen Bruderschaft, der Hierarchie der irdischen, spirituellen Mentoren.

Das Tal des Klosters der Bruderschaft der Sieben Strahlen ist bekannt als das Tal des Blauen Mondes, und es liegt hoch in den Anden auf der nördlichen, peruanischen Seite des Titicaca-Sees.
Lord Muru baute das Kloster nicht sofort nach seiner

Ankunft am Titicaca-See, sondern er wanderte viele Jahre, studierte und fastete in der Einöde, wo sich ihm andere anschlossen, die der Katastrophe entronnen waren. Ursprünglich wurde er von Arama-Mara (Göttin Meru), seinem weiblichen Aspekt, begleitet, als er Lemuria in dem nadelähnlichen Luftschiff verließ. Diese waren keine Raumschiffe, sondern sie wurden von dem Mutterland für den Handel zwischen den Kolonien benutzt.

Die Bruderschaft der Sieben Strahlen existierte schon unzählige Jahrhunderte vor dieser Zeit, und zwar während der Zeit der Älteren Rasse auf der Erde vor ungefähr eine Billion Jahren.

Jedoch niemals zuvor hatten sie ein Kloster, in dem Studenten des Lebens, weit fortgeschritten auf dem Großen Pfad der Einweihung, in spiritueller Harmonie zusammenkommen konnten, um den Fluß ihrer Lebensströme miteinander zu verschmelzen. Jeder Student kam auf einem der Sieben Strahlen des Lebens ins Dasein, wie wir alle, und diese Strahlen mußten miteinander verbunden werden. Jeder Student wob seinen oder ihren Strahl, als sei er ein farbiger Faden in dem Teppich, der das Spirituelle Leben des Klosters symbolisierte. Darum hieß sie die Bruderschaft der Sieben Strahlen, auch bekannt als die Bruderschaft der Erleuchtung.

DIE GOLDENE SONNENSCHEIBE VON MU

Von Seilen aus purem Gold gehalten, in einem Schrein im größten Tempel des Göttlichen Lichtes im Mutterland von Mu, befand sich die gigantische Goldene Sonnenscheibe. Davor, auf einem Altar, der eine Säule aus gemeißeltem Stein war, strahlte das ewige weiße Licht der kristallenen Maxin-Flamme, das Göttliche Endlose Licht der Schöpfung. Etwa 30.000 v. Chr. erlosch das Maxin-Licht auf dem Altar wegen der Sündhaftigkeit einiger wissenschaftlicher Priester vom Großen Mu. Die Sonnenscheibe verblieb jedoch in ihrem Schrein bis zur Zeit der endgültigen Zerstörung und des Untergangs von 10.000 - 12.000 v. Chr.

Wie bereits gesagt, wurde die Scheibe nicht als reines Objekt der Anbetung benutzt, noch war sie eine symbolische Wiedergabe unserer solaren Sonne. Sie war auch ein wissenschaftliches Instrument, und das Geheimnis ihrer Kraft kam ursprünglich aus der dunklen Vergangenheit der Zeit der Älteren Rasse.
Teilweise war sie ein Objekt der Verehrung, denn sie diente bei rituellen Tempeldiensten als ein Brennpunkt oder Ziel der Konzentration für Meditierende. Sie diente auch als eine symbolische Darstellung der Großen Zentralen oder kosmischen Sonne, welche wiederum den Schöpfer symbolisiert.
Als ein wissenschaftliches Instrument wurde sie in Verbindung mit einem komplexen System von Spiegeln aus purem Gold, Reflektoren und Linsen benutzt, um Heilung in den Körpern der im Tempel des Lichtes Anwesenden zu bewirken. Tatsächlich ist dies der Grund, weshalb der Tempel 'Tempel des Göttlichen Lichtes' genannt wurde.
Neben all diesen Funktionen war die Sonnenscheibe ein zentraler Punkt für Konzentrationen dimensionaler Qualität. Wenn die Scheibe von einem Wissenschaftspriester der ihre Wirksamkeit kannte, angeschlagen wurde, erzeugte sie bestimmte Schwingungszustände, die sogar große Erdbeben verursachen konnten, und, wenn sie lange genug angeschlagen wurde, eine Veränderung der Erdrotation. Gleichzeitig war sie ein Mittel der Beförderung: Wenn sie auf das besondere Schwinungsmuster einer Person abgestimmt wurde, konnte sie diese Person an jeden von ihr geistig vorgestellten Platz transportieren.

Die Goldene Sonnenscheibe von Mu war nicht aus gewöhnlichem Gold hergestellt, sondern aus umwandelbarem Gold von außergewöhnlicher Qualität, denn es war ein durchsichtiges Metall, ähnlich erwiesenermaßen dem Metall, durch das man fast hindurchsehen kann, der UFOs.

Lord Muru brachte diese Scheibe mit, als er zum Titicaca-See reiste, und sie wurde in einem unterirdischen Tempel des Klosters der Bruderschaft der Sieben Strahlen untergebracht.Hier wurde sie nicht nur von den Studenten des Lebens täglich benutzt, sondern auch von den Meistern und Heiligen der Mysterienschulen der ganzen Welt, so daß sie wohl über große Entfernungen hin und zurück getragen wurden, um in Konzilen zu sitzen oder an großen Übertragungs-Zeremonien teilzunehmen.

Als die Inkas nach Peru kamen, und sie kamen tatsächlich, denn sie waren keine einheimischen Quechua Indios, sondern sie kamen aus einem Land über dem Pazifik, begründeten sie eine hochspirituelle Gesellschaft auf den Ruinen der großen Kultur, die zum Kolonialreich von Lemuria gehört hatte. Die Hohepriester der Sonne von Tawantinsuyo, dem Inka-Reich, bauten ihre Coricancha oder Tempel der Sonne genau auf einem älteren Bauwerk, das aus weit zurückliegenden Zeiten stammte. Aus antiken Aufzeichnungen aus ihrer Heimat jenzeits des Pazifiks hatten sie von der Goldenen Sonnenscheibe von Mu gelernt, und sie wußten, daß sie vom verurteilten Kontinent entfernt worden und in ein neues Land gebracht worden war, in dem Lord Muru ein Retreat oder ein Heiligtum gegründet hatte.

Einmal in Peru, suchten die Inka-Hohepriester lange nach der Scheibe, waren aber niemals imstande, sie zu finden. Jedoch, als sie auf ihrem spirituellen Weg weit genug waren, um die Scheibe für das Wohl des ganzen Volkes zu nutzen - die ursprünglichen, einheimischen Stämme, die sie in ihrem Reich verschmolzen hatten - so wie sie in Mu benutzt worden war, wurde sie ihnen für ihren täglichlichen Gebrauch in ihrem Sonnentempel in Cuzco geschenkt.

Der damalige Inka-Herrscher war ein Göttlicher Mystiker oder Heiliger, und er pilgerte zu dem Kloster am Titicaca-See, und dort gab Aramu-Muru, als geistiger Führer oder Abt der Bruderschaft, dem Herrscher die Scheibe. Meh-

rere Brüder vom See wurden bestimmt, mit ihm nach Cuzco, der Hauptstadt des Reiches, zu reisen. Hier wurde die Scheibe in einem Schrein untergebracht, den man dafür vorbereitet hatte, und sie wurde mit goldenen Seilen gesichert, so wie sie auch in Lemuria gehalten worden war. Auch heute noch kann man die Löcher, durch die diese Seile gingen, im Kloster von Santo Domingo in Cuzco sehen, das auf dem Vor-Inka- und dem Inka-Sonnentempel erbaut ist.
Die Inkas nannten ihren Sonnentempel Coricancha, d. h. Platz aus Gold oder Garten aus Gold, wegen der prächtigen, massivgoldenen, lebensgroßen Figuren von Menschen, Tieren, Pflanzen und Blumen, die in dem neben dem Sonnentempel gelegenen, tatsächlichen Garten aus Gold standen. Aber die Wissenschaftspriester nannten den Tempel Amarucancha. Auf einigen Steinen in Santo Domingo kann man heute noch gemeißelte Schlangen (amarus) sehen, und das ist der Grund, so heißt es, daß einige den Tempel als Amarucancha oder Platz der Schlangen kannten. Jedoch ist dies nicht der tatsächliche Grund. Amaru ist eine Form von Aramu, das einer der Namen von Lord Maru ist. Es gibt in den Anden große Schlangen, die heute noch amarus genannt werden. Lord Marus Name betrifft eine Schlange, denn sein Titel ist dem eines Weltenlehrers gleich: Quetzalcoatl, die gefiederte Schlange des Aztekenreiches in Mexiko. Deshalb wurde der Sonnentempel in Cuzco nach Aramu-Muru benannt, dem Oberhaupt des Klosters am Titicaca-See, denn er war es schließlich, der sie ermächtigte, die Goldene Scheibe in ihrem Sonnentempel zu haben. Innerhalb dieses größeren Tempels waren kleinere Tempel oder Altare, die dem Mond, den Zwölf Planeten (Sternen) und den Sieben Strahlen geweiht waren.

Die Bruderschaft der Sieben Strahlen erhielt ihre Führerkraft im spirituellen Leben der Inkas, und sie lernten den Gebrauch der Scheibe von antiken Urkunden, die die weisen Vor-Inkas, die Lemurianischen Kolonisten, hinterließen. Die Scheibe blieb im Coricancha von Cuzco, bis die Kunde, daß Don Francisco Pizarro in Peru gelandet

war, die Priester erreichte. Genau wissend, was passieren würde, holten sie voller Gram die Scheibe vom Altar in Cuzco und brachten sie zurück in den unterirdischen Tempel des Klosters. Die spanischen Eroberer sahen sie niemals.
Am 21. Januar 1969 hielt der Geliebte Erzengel Michael von der Sonne in Seinem Retreat in Banff in den Kanadischen Bergen eine Ansprache.
Hier ein Auszug:
'Viele der Tempel, die in Atlantis und Lemuria benutzt worden sind, sind in die ätherischen Ebenen emporgehoben worden. Eines Tages werden sie wieder heruntergebracht werden, wenn der Mensch die geistige Reife für ihre Wiedergabe erlangt hat. Einer oder mehrere dieser wertvollen Steine, die beim Bau des Tempels benutzt wurwurden, sind in die Obhut eines Hohepriesters oder Oberhauptes eines Spirituellen Ordens gegeben worden, wo sie eine Verbindung zur Himmlischen Hierarchie herstellen. Einige Dutzend dieser Steine meines eigenen Tempels sind im Besitz von Einzelnen, die heute an verschiedenen Orten auf der Erdoberfläche leben...'

Die Goldene Sonnenscheibe von Mu ist einer der kostbareren Steine, die auf Lord Michael zurückzuführen sind. Sie wurde in die Hände des Oberhauptes der Bruderschaft der Sieben Strahlen gegeben, in die Hände Aramu-Murus. Die Scheibe wird bis zu dem Tag am Titicaca-See bleiben, 'wo der Mensch spirituell reif ist', sie zu empfangen und wieder zu benutzen. An diesem Tag wird die Goldene Scheibe aus ihrer unterirdischen Kammer hervorgeholt und hoch oben auf dem Kloster der Bruderschaft angebracht werden. Über viele Meilen wird sie wieder von den Pilgern der Neuen Dämmerung gesehen werden, wie sie die herrlichen Strahlen der Sonne reflektiert. Wer die Goldene Sonnenscheibe einmal gesehen hat, wird einen unleugbaren Ton reinster Harmonie ausstrahlen, der viele Lichtsuchende auf den abgetretenen Pfad zu dem alten Tor der Bruderschaft der Sieben Strahlen führen wird, und sie werden in das Tal des Blauen Mondes eintreten, um im Namen des Vaters zusammenzusein.

DIE ÄLTERE RASSE

Wenn wir wirklich die Hintergründe der Bruderschaft der Sieben Strahlen und der Goldenen Sonnenscheibe von Mu verstehen wollen, müssen wir eine Billion Jahre auf der Erde zurückgehen.

Nachdem der Planet Erde abgekühlt und für Bewohner bereit war, erschien eine Rasse aus dem Raum, die nicht **menschlich**, sondern von der Rasse der **wahren** Ur-Menschen war. Sie wurden **Zyklopen** genannt und sind unter dem Namen der 'L'-Rasse oder einfach als 'Els' in der Arkanwissenschaft bekannt. Vor ihrem Erscheinen auf der Erde durchquerten sie den Raum und folgten allen großen Zeitzyklen; als Titanen zogen sie mit den Sternbahnen dahin (und sie tun es noch, aber in einer anderen Dimension von Zeit und Raum) und suchten sich immer die besten Weideplätze im Raum für ihre Herde aus. Sie waren das **erste** Leben auf der Erde und sind die Unsterblichen unserer Sagen, die Göttliche oder Ältere Rasse, die den Menschen vorausging.

Einige der Els waren wirkliche Zyklopen, denn sie hatten nur ein großes zentrales Auge auf der Stirnmitte. Andere hatten wie die Menschen zwei Augen, und wieder andere hatten ihr psychisches Dritte Auge entwickelt. Sie waren etwa 12 Fuß (3,66 m) groß und männlichen und weiblichen Geschlechts, aber nicht in dem Sinne unserer heutiigen Geschlechtertrennung. Vor ihrem Erscheinen auf der Erde hatten sie den größten Teil des Gebietes besiedelt, der uns heute als Milchstraße bekannt ist; unter ihrem Einfluß standen Tausende von Sonnen und Welten. Gewöhnlich schickten sie andere Lebensformen in eine Welt voraus, nachdem diese bewohnbar war. Wenn sie sich einmal für die Existenz auf einem neuen Planeten entschieden hatten, bemühten sie sich, große Büchereien in ihrem tiefen, geheimen Reich riesiger Städte zurückzulassen. Diese sog. Büchereien enthalten die Geschichte des Universums in winzigen kristallenen Aufzeichnungen und sind in ein magnetisches Feld eingeschlossen, das heute manchmal in enger Beziehung zu einer sensitiven Person auf der Erde steht.

Die Els waren nicht, wie wir heutzutage, genau dreidimensionale Wesen, obwohl sie doch physische Geschöpfe in einer physischen Welt waren. Als Rasse bemühten sie sich über unzählige Jahrhunderte hindurch, einen Zeitlosen Zustand zu erreichen. Ihr Ziel war, nicht nur etwas durch den bloßen Gedanken zu erschaffen, sondern sich der körperlichen Daseinsform zu entledigen, indem sie sich von dem Band lösten, das sie an physische Planeten und Systeme fesselte. Sie suchten nach dem großen Geheimnis der Unsterblichkeit, damit sie uneingeschränkt durch die Zeiten und Sterne wandern könnten.

Der Erdenplanet war wahrscheinlich die letzte Welt, die sie in der Milchstraße besiedelten, denn kurz nach ihrem Erscheinen auf der Erde erreichten sie die Kraft des kreativen Denkens. Sie besiegten die physische Materie und wurden Götter. Sie vernichteten für sich Zeit und Raum und brauchten nun weder die irdische Welt noch die große Galaxie, zu der sie gehörte. Sie waren frei! Sie waren zu wahren Mitgliedern des Gedanklichen Universums geworden, dem Theta-Universum.

Tatsächlich waren die Els erst unter diesem Namen bekannt, nachdem sie diesen Theta-Zustand erreicht hatten. Vorher waren sie als das Zyklopengeschlecht bekannt. Es war ihre Methode des Verlassens der körperlichen Existenz und seiner Bedingungen, die ihnen den Namen Els einbrachte. Durch die geheimgehaltene Anwendung des 90 Grad-Phasen-Wechsels gaben sie die Erde und die gesamte Galaxie auf und ließen sie für die Menschheit frei.
Ein Winkel von 90 Grad bildet den Buchstaben 'L'. Darum

nehmen wir, wenn wir sie Els nennen, Bezug auf ein Symbol ihrer Rasse und nicht wirklich einen Namen. Viele Wörter sind heute von dem Namen dieser ältesten Rasse abgeleitet worden. Darum werden sie auch die Ältere (Elder) Rasse genannt.
Die Wörter 'elevation' (Aufsteigen) und 'eliminate' (entfernen, auslöschen) sind ganz klar aus dieser Wurzel entstanden. Stiegen die Els nicht in andere dimensionale Bereiche auf?
Beseitigten Sie nicht Zeit und Raum? Wenn ihr nur in irgendein Wörterbuch seht, werdet ihr einige erstaunliche Dinge unter den Wörtern finden, die mit EL oder L anfangen. Dann gibt es noch das großartige Wort Elohim; und die vierundzwanzig Älteren (Elders) der Heiligen Schrift.

Am 24. April 1955 berichtete Koot Hoomi Lal Singh (Meister Kuthumi):
'Über dem Planeten steht die große Gegenwart des Geliebten Elohim, C y c l o p e a. Seine Ausstrahlung bedeckt die ganze Erde.'

Meister Kuthumi bezieht sich offensichtlich auf ein Mitglied der großen Älteren Rasse. Obwohl die meisten Els 1956 nicht mehr auf der Erde verweilten, agierten sie noch als Mentoren; sie waren gewöhnlich die Lehrer der irdischen Meister oder Heiligen. Wir erwähnen, daß die meisten Els nicht mehr auf unserem Planeten waren, weil einige von ihnen nicht fortgingen, als ihre Rasse den Theta-Zustand erreicht und M-E-S-T überwand (Matter-Energy-Space-Time/Materie-Energie-Raum-Zeit). Einige wenige der Zyklopischen Rasse gingen aufgrund ihres bestimmten Karmas nicht durch den 90 Grad-Phasen-Wechsel; sie wurden gezwungen, auf der Erde zu bleiben und im Sinne ihrer Bestimmung weiterzuarbeiten und sich dann schließlich zu einer späteren Zeit wieder mit ihrer Rasse zu verbinden. In der Zwischenzeit würden sie den menschlichen Wesen als Ratgeber dienen, wenn das

Letzte auf der Erde einträfe.

Aramu-Muru (Gott Meru) gehörte zur Zyklopischen Rasse. Er hat durch unzählige Zeiten hindurch seine körperliche Form beibehalten, indem er seine Lebensstromenergie durch Polarisation mit seinem weiblichen Aspekt Arama-Mara erneuerte. Denn wie wir schon erwähnten, pflanzen sich diese Wesen nicht auf menschliche Art und Weise fort.
Lord Muru sagt, daß er in Lemuria ein junger Student oder Mensch war. Damit kann er jedoch vieles sagen wollen. Vielleicht meint er 'jung' im Universalen Sinne, und mit 'Mensch' kann er meinen, daß er aus dem Geschlecht der wahren Ur-Menschen stammt. Viele der Weisen von Lemuria, und noch früher von Mu selbst, waren Zyklopen (Wir nennen sie nichts Els, weil sie noch nicht das Theta-Universum erreicht hatten). Alle diese Zyklopen verließen Lemuria und reisten durch andere Teile der Welt. Darum waren viele Spirituelle Führer der Geheimschulen (Inneren Retreats) Zyklopen,* (Wir sagen, sie 'waren Zyklopen', weil sie nicht mehr auf der Erde sind, wie wir später in Kapitel 6) erklären werden), die sich eines Tages wieder mit ihrer Älteren Rasse verbinden und wahre Els werden würden.
Die Bruderschaft der Sieben Strahlen fand ihren ursprünglichen Anfang mit den Zyklopen, da sie die ersten waren, die auf dem Planeten Erde die Sieben Strahlen manifestierten. Diese Wesen entwickelten aus sich selbst heraus einen besonderen Energiestrahl, der bewirkte, daß die Sieben Lebensstrahlen auf unserem Planeten Einfluß ausüben konnten, und ohne diese Ausstrahlung hätte es niemals eine Bruderschaft der Sieben Strahlen geben können. Die Zyklopen überschritten auch die Siebte Stellung und traten in Theta ein, in die Achte oder das Universum der Gedanken.

Die Goldene Sonnenscheibe von Mu wurde nicht von den Zyklopen selbst angefertigt, obwohl das Prinzip ihrer Arbeitsweise und das Geheimnis ihrer Kraft in den hin-

terlassenen Büchereien der unterirdischen Zyklopenstädte gefunden worden sind. Der Bau der Goldenen Sonnenscheibe wurde erst dadurch ermöglicht, daß einige genügend Sensitive im späteren Zeitalter des Menschen diese Wahrheiten entdeckten und sich in ein derartiges Wissen einstimmen konnten. So fand die Scheibe ihren Weg in das Leben des Mutterlandes Mu.
Ihr müßt wissen, daß der Mensch auf der Erde niemals ein 'L' werden wird, aber er wird einen Zeitlosen Zustand wie sie erreichen; denn der gegenwärtige Plan der Hierarchie ist die Herstellung einer subjektiven Synthese in der Menschheit und einer telepathischen Wechselwirkung, die schließlich die Zeit ganz vernichten wird!'
Der Mensch wird aus dem Grunde kein 'L' werden, weil er nicht zur Zyklopischen Rasse gehört (die jetzt El-Rasse heißt), aber er wird die M-E-S-T (Materie-Energie-Zeit und Raum) besiegen und als wahrer Gott regieren, als Sohn des Schöpfers.

DER NEUE-WELT-BRENNPUNKT DER ERLEUCHTUNG

Im Juli des Jahres 1957 sagte der Geliebte Meister El Morya:
'Von jetzt an werden alle Pilger, die geistige Erleuchtung und Führung suchen, nach Südamerika gezogen werden, so wie sie früher in den Osten gezogen worden sind. Zu diesem Zweck treffen die Leiter der Naturkräfte und des Königreichs der Elemente Vorbereitungen zur Beschaffung natürlicher Hilfsmittel für den Eintritt in diesen bisher unerschlossenen spirituellen Brennpunkt der Erleuchtung in den Anden.'
Schon vor langer Zeit wurden denen, die für ein solches Wissen bereit waren, Informationen über Aramu-Murus Retreat am Titicaca-See in Peru gegeben. Der permanente Strahl tritt an zwei Stellen in den Erdplaneten ein. Der männliche Aspekt tritt im Himalaya-Gebirge des Ostens ein und der weibliche Aspekt am Titicaca-See.

Der männliche Aspekt ist durch alle Zeiten der Erdgeschichte hindurch von Bedeutung gewesen, doch jetzt nimmt der weibliche Aspekt an Bedeutung zu, da die Erde in zunehmendem Maße in den Schwingungsbereich des Siebten Strahles kommt. Dieser weibliche Aspekt, der in das Gebiet um das Kloster der Bruderschaft der Sieben Strahlen eintritt, wird in der Zukunft sehr klar und deutlich werden.
Es ist interessant zu bemerken, daß Tibet und Peru sich kulturell und auch in anderer Hinsicht so sehr ähneln, daß Fotografien aus dem einen Lande sehr leicht mit dem anderen Land verwechselt werden können. Aber wenn wir verstehen, daß dies die zwei Gebiete auf der Erdoberfläche sind, wo der Permanente Strahl eintritt, ist die Erklärung sehr einfach.
Als zusätzliche Bestätigung des NEUE-WELT-BRENNPUNKTES DER ERLEUCHTUNG schrieb Phra Sumangalo, ein Mönch des Klosters der Schutzengel (Wat Doi Suthep, Xieng Mai, Tailand) vor kurzem folgende Worte an die Abtei:
'Asien ist spirituell bankrott. Aber ihr befindet euch in einer Gegend, die ihren Pralaya (Ruhepause oder Schlafzustand) gehalten hat und jetzt ein Wiedererwachen des Geistes erfährt. Südamerika ist mehr als jedes andere Land in jeder Hinsicht das Land der Zukunft, ein Land spirituellen Versprechens.'

Im März des Jahres 1957 sagte die Gemeinschaft der Goldenen Erleuchtung in Los Angeles, Kalifornien:
'Der Ruf geht beständig aus an alle, die auf dem Pfade des Lichtes sind, aus ihnen - den dunklen Kräften - herauszukommen und sich für den Aufbau des Königreiches der Liebe und des Friedens zu vereinigen.'

Im Juni 1952 sagte die Brücke zur Freiheit:
'Anzeichen der Neuen Dämmerung! Es werden neue Kanäle geöffnet, nicht um die alten zu ersetzen, sondern um sie zu unterstützen; überall treten Arbeiter nach vorne; Freunde der Großen Weißen Bruderschaft steigen aus

jeder Gegend auf. Und niemand kann den Ansturm auf diese Kosmische Christus-Kraft stoppen, die die Spirituelle Strömung der Stunde freigibt. Sie werden keinen Erfolg haben, wenn sie in ihrem Unglück versuchen sollteten, sich dem Strom der Morgendämmerung zu widersetzen. Darüberhinaus würden solche Leute schon an dem reinen Gesetz zugrundegehen, das die Erwiderung der hervorgerufenen Liebe, die sie schenken, bewirkt, oder sie erreichen genau das Gegenteil mit ihrem Vorwärtsdrang. Wie niemals zuvor kann es heute wahrhaftiger von den Spirituellen Weltführern und aus all den neuen Kanälen gesagt werden:'An ihren Früchten werdet ihr sie erkennen.'
Überall werden nun Kanäle der Göttlichen Liebe und Weisheit des Unendlichen Vaters geöffnet, noch verstärkter als im Jahre 1952. Durch diese Kanäle werden Seinen Leuten Worte des Trostes und der Anweisung gebracht für die Tage der bevorstehenden Katastrophe. Doch es wird uns von der Hierarchie und den Besuchern aus dem All versichert, daß die Welt n i c h t untergehen wird. Weit davon entfernt! Viele Gebiete auf der Erde werden sich verändern, ja, aber betrachtet diese großen Ereignisse als die prophezeite Erlösung, die herannaht!
Seit vielen Jahren stehen die Meister von anderen Planeten unseres Sonnensystems, anderer Solarsysteme und sogar anderen Galaxien in Verbindung mit den Meisteradepten oder Lehrern des Erdenplaneten. Im Jahre 1956 wurde endgültig entschieden, daß die Geheimschulen der Erde, die als Große Weiße Bruderschaft in einem spirituellellen Körper tätig sind, sofort mit der Verbreitung und Veröffentlichung von einigen ihrer Jahrhunderte alten Geheimnisse und Wahrheiten anfangen möchte!

Aramu-Muru kommentierte diesen Entschluß im Jahre 1956 am Titicaca-See wie folgt;
'...wir werden in Zukunft nicht mehr schweigen. Doch wir öffnen weder unseren Pfad noch unseren Eingang den Profanen, noch werden die 'Perlen' der großen Weisheit vor die 'Säue' geworfen, denn auf der Erde und in der

Erde gibt es 'Schweine'. Aber der Planet wird in Kürze von ihnen gesäubert werden. Sie sind einfach noch nicht bereit, die Göttliche Weisheit zu empfangen. Wir befassen uns mit den hungrigen Herzen und Seelen von Tausenden, und wir hören ihren Hunger, und wir wissen in unserem Sein, daß sie nur mit dem wahren Manna zufriedengestellt werden können, das einzig und allein von unserem Unendlichen Vater kommt.
Seid nicht überrascht, wenn ihr nun in der Öffentlichkeit Worte der Großen Weißen Bruderschaft vernehmt, die die Hierarchie aller irdischen Bruderschaften ist. Jetzt ist die Zeit zu handeln! Es ist Zeit, für uns zu sprechen, und wir werden sprechen, denn wir bereiten jetzt sehr sorgfältig den Weg für Seine Schritte vor, daß sie von der ganzen Welt gehört werden können. Das Königreich ist nicht mehr in Reichweite, es ist hier, und Er wird sich bei allen Menschen zeigen. Seit vielen Jahrhunderten haben wir voller Ungeduld auf diese Zeit gewartet. Ist es dann nicht eine Zeit des großen Jubelns, obwohl eine beachtliche Katastrophe über die Welt kommen wird?
Aber durch diese katastrophale Reinigung wird der Mensch seine Göttlichkeit erben. Schaut zu eurer nahenden Errettung auf die 'Hügel'. Verzweifelt nicht wegen der Katastrophe, sondern begrüßt sie als wirkende Kraft der Erleuchtung und Schönheit. 'Alles wird neu gemacht', so wie es geschrieben steht. Nur die Wahrheit wird bestehen bleiben!'

In Zukunft werden alle Retreats und Heiligen Stätten, die Geheimschulen und die Shan-Gri-Las der großen Weißen Bruderschaft noch mehr zusammenarbeiten und ihre Tore für die öffnen, die bereit sind und sich auf dem Lichtpfad befinden. Ihre geheimgehaltenen Plätze werden offenbart werden, aber nur dem Schüler des Lebens, der in Seinem Lichte steht. Die Inneren Retreats sind der äußeren Welt tatsächlich ein Geheimnis; sie haben im Verborgenen gewirkt, damit die abergläubische und unerfahrene Menschheit sie nicht auseinanderbringen würde. Sie haben das alte und geheime Wissen bewahrt, damit die Nachlese der Ernte Gottes (die Auserwählten) das Spirituelle Erbe in der Zeit der Neuen Dämmerung in Empfang nehmen kann. Der Schall der Trompeten ist nun erklungen. Wir hören in der Ferne den schwachen ton der Siebten Trompete. Der Ruf ist von den Himmlischen Engelscharen ergangen, und wir müssen uns nun mit uns selbst bekanntmachen!

Die Meister und Brüder aus dem Raum werden dem Menschen nach der Katastrophe auf der Erde behilflich sein, aber sie werden das Unglück nicht verhindern. In der Periode nach der Katastrophe werden sie in großer Zahl landen, und es ist geplant, daß sie mit den Retreats der Großen Weißen Bruderschaft Kontakt aufnehmen, wo die Auserwählten versammelt sein werden, da wegen der großen Umstürze im Osten die Schüler des Lebens nach Südamerika gezogen werden, wo sich in den Anden der NEUE-WELT-BRENNPUNKT DER ERLEUCHTUNG befinden wird. Daher erschallt weiterhin der Ruf:'Komm aus ihnen hervor. mein Volk!'
Die Inneren Retreats müssen jetzt durch ihre vielen Kanäle nach außen sprechen, damit die Schafe der Herde den Ruf vernehmen können.

Die Bruderschaft der Sieben Strahlen arbeitet gegenwärtig sehr eng zusammen mit der Bruderschaft von Mount Shasta in Kalifornien, der Bruderschaft von Royal Teton in West-USA, der Bruderschaft der Goldenen Robe in Indien und vielen anderen Bruderschaften und Orden. Natürlich besteht eine vollkommene Zusammenarbeit mit allen Mitgliedern der Hierarchie der Großen Weißen Bruderschaft.

Jetzt wird das Wissen, das früher nur für den Eingeweihten war, direkt den Einzelnen außerhalb der Inneren Retreats zugänglich gemacht, und Männer, Frauen und Kinder aller Rassen werden in diesen Retreats zusammenkommen und eine große Spirituelle und Philosophische Gesellschaft bilden.

Das prophezeite neue Land wird tatsächlich aus seinem P r a l a y a erwachen und wird sich mit der Hierarchie der Erde und der Sterne verbinden, um die Auserwählten zu beraten, die in den bevorstehenden Tagen auf der Erde übrigbleiben werden.

DER ALTE AMETHYST-ORDEN

Die Erde tritt jetzt in die Schwingungen des S I E B T E N G R O S S E N S T R A H L E S ein. Dies ist der violette oder Amethyst (Purpur)-Strahl, woher der Name Amethyst-Orden kommt.

Da unsere Welt in die violette Frequenz eingehüllt ist, kann als einziges nur noch die Wahrheit existieren. Alles Falsche und Unwahre wird aus eigenem Antrieb daraus verschwinden. Diejenigen, die die Menschheit gegenüber der Realität blind gemacht haben, werden vor dem Reinen Violetten Feuer wie Nebel vor der Dämmerung dahinschwinden.
Das Wort Amethyst kommt vom griechischen 'amethystos', was so viel wie 'Heilmittel oder Arznei gegen Trunkenheit' bedeutet - und ist es nicht in der Tat wahr? Der violette oder Amethyst-Strahl wird sich in seinem reinigenden Aspekt als Heilung der irdischen Trunkenheit erweisen, als Arzneimittel für die Krankheiten der Erde. Das bedeutet nicht, daß der Amethyst-Orden die Welt vor sich selbst rettet, sondern, daß der Orden, der in der Schwingung des Siebten Strahls arbeitet, von großer Bedeutung für alle Wahrheitsschüler überall sein wird in den bevorstehenden Tagen.

Über die ganze Welt verstreut finden wir in allen Retreats verschiedene alte Orden und Bünde. Zu den ältesten auf der Erde gehören der Orden des Melchizedek, der Essener-Orden, der Orden des Smaragd-Kreuzes (Emerald Cross), der Amethyst-Orden, die Rosenkreuzer und der Orden der Roten Hand. Von neuerer Zeit sind der Karmeliter-Orden und der Orden des Heiligen Gral.

Alle Mitglieder der Bruderschaft der Sieben Strahlen gehören zum Amethyst-Orden, der sehr alt ist und nun von großer Bedeutung ist, weil seine Schwingung jetzt als

Siebter Strahl des Lebens aus dem weltlichen Bühnenbild emporsteigt. Erzengel Michael von der Sonne, das Transzendente Wesen, der der Erzengel des Schutzes ist, ist der Wächter dieser Ordensmitglieder und auch der Bruderschaft der Sieben Strahlen und all ihrer Äußeren Retreats und Heiligen Stätten.

Die Individualität des Menschen kommt unter die Herrschaft der großen Sieben Lebensstrahlen, und der Mensch wird immer von den mächtigen, tätigen Kräften dieser Strahlen geleitet. Alle von uns gleiten auf einem dieser Strahlen ins bewußte Leben, und unsere gesamte Lebenserfahrung wird von dem Strahl beeinflußt, auf dem wir herabgekommen sind. In der Heiligen Schrift werden die Sieben Strahlen die 'sieben Geister vor dem Thron' genannt.

Der **Erste Strahl** ist der Weg der Führerschaft; der **Zweite Strahl** ist der Weg der Erziehung und Bildung; der**Dritte Strahl** ist der Weg der Philosophie; der **Vierte Strahl** ist der Weg der Künste; der **Fünfte** der Weg der Wissenschaft; der **Sechste** der Weg der Hingabe; und der **Siebte Strahl** ist der Weg der Zeremonie und des Rituals.
Die Esoterischen Farben der Strahlen sind: (1) Rot; (2) 2 (Hellblau); (3) Grün; (4) Gelb; (5) Indigo; (6) Rosa; (7) Violett.

Es ist wichtig zu erwähnen, daß die Bruderschaft n i c h t Bruderschaft des **Siebten** Strahles heißt, sondern die Bezeichnung ist ein Plural: Bruderschaft der S i e b e n S t r a h l e n.
Wir mögen nun fragen:Wenn die Bruderschaft mit dem Amethyst-Orden arbeitet, der zum Siebten Strahl gehört, warum wird ihr dann ein Name gegeben, der alle Strahlen des Lebens einschließt?
Das ist eine gute Frage, aber ihr werdet euch an das erinnern, was vorher schon darüber gesagt worden ist: daß im Kloster jeder Lebensschüler einen Teppich weben muß, der das Spirituelle Leben der Bruderschaft symboli-

siert. Und dies muß jeder Schüler so ausführen, indem er seinen eigenen Strahl wie einen einzelnen Faden in das ganze Gewebe des Teppichs einwebt. Das Ergebnis des fertigen Produkts verbindet alle Strahlen als Schüler. Der spirituelle Teppich des Bruderschafts-Lebens ist warm, harmonisch und vibrierend, denn jeder der Sieben Großen Lebensstrahlen hat seinen Platz in korrekter Übereinstimmung mit jedem anderen Strahl.

Dieser Teppich ist mehr als ein symbolischer Ausdruck oder eine Repräsentation, denn während der Zeremonien im Tempel der Erleuchtung und der Goldenen Sonnenscheibe der Bruderschaft, hängt ein echter Teppich an der Wand über dem Altar des Reinen Maxin-Lichtes, der Flamme der Erleuchtung. Die Bilder auf ihm verändern sich je nach den Gedanken, Aktionen und Taten der Bruderschafts-Mitglieder. Wenn im Kloster nicht alles in physischer, mentaler und spiritueller Harmonie ist, wird es sofort auf dem Teppich erscheinen, und irgendeine Szene wird den Zustand symbolisch beschreiben. Sie nennt sich die Bruderschaft der Sieben Strahlen, weil die Essenz aller Sieben Strahlen zusammen verwertet wird, um die Erleuchtung der Menschheit durch die Flamme der Erleuchtung hervorzubringen. Natürlich arbeiten auch die anderen Inneren Retreats unter den Sieben Strahlen, aber anstatt alle von ihnen in einer Kraft zu verbinden, arbeitet jedes einzelne von ihnen unter einem besonderen Strahl.

In dieser Weise ist die Bruderschaft oder der Konzentrationspunkt der Weisheit am Titicaca-See einzigartig. Wir haben vorher schon erwähnt, daß die Bruderschaft der Sieben Strahlen auch als Bruderschaft der **Erleuchtung** bekannt ist. Dies ist aus verschiedenen Gründen so; das wichtigste eine Wesen, jener Titicaca-See, ist der Konzentrationspunkt der Erleuchtungs-Flamme.

Lord Muru sagte am 20. Juli 1957 folgendes hierzu:
'Seit vielen, vielen Jahrhunderten haben Wir nun diesen

Konzentrationspunkt der Erleuchtungsflamme bewacht und erhalten, die wir zusammen, das heißt, Wir und ihr, heute noch ehren. Es ist ermutigend zu sehen, wie einige wenige der Fortgeschritteneren unter der Rasse ihren Weg in das Zentrum der Anden gefunden haben, wo diese Flamme zuhause ist. Wenn in der Zukunft die Spirituellen Pioniere die emotionalen, mentalen und ätherischen Pfade zu unserem Mystischen Retreat erschlossen haben, werden immer mehr Menschen der spirituellen Ausstrahlung körperlich gewahr werden, die von dem großen Anden-Gebirge ausgeht, und ihr werdet sehen, daß diejenigen, die seit vielen Jahren an dem Wunsch hingen, ins große Himalaya-Gebiet zu gehen, nun ihre spirituelle Pilgerschaft in den Westen lenken.'

Der Amethyst-Orden ist ein Illuminatenorden der Essener, in dem alle Mitglieder der Lebensweise der Essener folgen.
Der Aufgestiegene Meister Saint Germain, der Chohan des Siebten Strahles, ist der Meister-Lehrer oder das Spirituelle Oberhaupt des Amethyst-Ordens.

DIE ABTEI

Lord Muru's Erstes Äußeres Retreat

Am 13. November 1955 sprach der Maha-Chohan über den Titicaca-See, und außerdem noch über Shamballa, Luxor, Darjeeling und die Städte des Heiligen Johannes als Retreats und Heilige Stätten der Großen Weißen Bruderschaft. Natürlich gibt es auf der ganzen Welt noch weit mehr.
Am 12. April 1957 berichtete Sanat Kumara, daß alle Retreats und Heiligen Orte der Großen Weißen Bruderschaft nun in eine höhere, spirituelle Schwingung angehoben worden seien, in Verbindung mit den Himmlischen Heerscharen der Hierarchie. Dies betraf das Kloster der Bruderschaft der Sieben Strahlen am Titicaca-See. Nach vielen Jahrhunderten hingebungsvollen Dienstes an der Menschheit und deren geistiger Erneuerung hatte dieses Innere Retreat von Aramu-Muru einen Tag des Spirituellen Schulabschlusses erreicht.

Koot Hoomi Lal Singh (Meister Kuthumi) wurde als Sprecher für alle Retreats ernannt. Die Anhebung der Heiligen Stätten durch die Autorität der **Vierundzwanzig Älteren** unseres Sonnensystems erlaubt einen größeren Arbeitsumfang zwischen der Hierarchie und den Retreats, die eine spirituelle Vermittlerfunktion einnehmen zwischen dem Menschen der äußeren Welt und den höheren Mentoren. Dies ist der letzte Vorbereitungsschritt vor **SEINEM KOMMEN**.

Während einer Geheimsitzung der Großen Weißen Bruderschaft im Jahre 1956, wo die Fahnen aller Inneren Retreats ausgebreitet waren, wurde beschlossen, daß diese Retreats ab sofort Äußere Retreats einrichten sollten, als erneuten Ausdruck ihres Dienstes an der Menschheit.

Einzelne Eingeweihte, die als Pilger zu diesen Äußeren Retreats reisen wollten, sollten nicht 'aus ihrer Mitte hervorgerufen' werden, um ihren physischen Körper zu retten. Sie sollten für eine göttliche Aufgabe zusammengeführt werden, aber nicht allein aus Sicherheitsgründen, denn die Kraft des Heiligen Geistes wird Seine Jünger in der Zeit der Katastrophe erhalten. Früher bestanden die Äußeren Retreats aus verschiedenen Gruppen der äußeren Welt, die die Worte der hierarchischen Meister durch Treffen, Vorträge und Veröffentlichungen weitergaben. Aber jetzt wurden Retreats gewünscht, die nicht so verborgen und zurückhaltend wie die Inneren Retreats sein sollten, aber auch wieder nicht so sehr mit der materialistischen Welt in Beziehung stehen sollten wie die damaligen Äußeren Retreats.

Die Lösung dieses Problems war, Äußere Retreats zu schaffen unter der Vollmacht jedes Inneren Retreats der Großen Weißen Bruderschaft, die in der Nähe des jeweiligen Verwaltungskörpers (Retreat) ihren Sitz haben würden. In solchen äußeren heiligen Orten würden die Lebensschüler einer klösterlichen Lebensweise folgen, ähnlich wie in den Inneren Retreats. Sie würden aus der Welt entfernt werden, um an abgeschiedenen Plätzen des Friedens zu leben; doch sie hätten nicht jeglichen Kontakt mit der äußeren Welt verloren, denn sie würden Berichte herausschicken und ab und zu Reisen in andere Länder unternehmen. Sie wären den Mentoren und Inneren Retreats näher als jemals zuvor. Dieser Entschluß war notwendig, um auf die nahe bevorstehende Katastrophe und das Landen der Brüder aus dem All vorzubereiten. Schon vor Jahren hatte der Mensch die Welt in großem Maße über die Meister und Geheimschulen unterrichtet, zum größten Teil durch Einrichtungen bestimmter metaphysischer Verbindungen und Gruppen. Langsam wurde eine engere Verbindung nötig, da die Wahrheiten tiefer in das nationale Bewußtsein eines jeden irdischen Landes eindrangen. Die Wahrheitsschüler näherten sich immer mehr den verschiedenen Inneren Retreats, mit denen sie durch einen äußeren Strahl oder einen Lehrer verbunden waren. Jetzt sollten die Äußeren Retreats in unmittelbarer Nähe der Inneren Retreats errichtet werden; es fand ein weiterer Schritt in dieser Entwicklung statt. Der nächste Schritt wird sein, daß diejenigen mit entsprechender geistiger Qualifikation aus solchen Äußeren Retreats die letzte Reise zu den Inneren Heiligen Orten antreten. Dies zeigt an, daß die Ereignisse auf der Erde sehr schnell zu ihrem Höhepunkt kommen werden. Wenn die Brüder aus dem Weltraum landen, werden sie den Auserwählten, dem Rest der Menschheit, gegenüberstehen, und diese Auserwählten werden in den verschiedenen Gebieten der Erdoberfläche zusammengeführt, wo sich die Inneren Retreats der Großen Weißen Bruderschaft befinden.

Das Jahr 1956 war ein wichtiges Spirituelles Jahr, und zwar wegen der **drei** Beschlüsse der Spirituellen Hierarchie:

1.Zum ersten Mal würden jahrhundertealte Geheimnisse und Weisheiten der Äußeren profanen Welt offenbart werden.

2. Äußere Retreats, die in der Nähe von Inneren Heiligen Stätten lagen, wurden bevollmächtigt, und der Ruf ging heraus, '**aus ihnen hervorzukommen**'.

3. Es wurde beschlossen, daß im Jahre 1957 alle Inneren Retreats in eine neue Schwingung emporgehoben würden, um näher mit der Hierarchie zusammenzuarbeiten.

Aramu-Muru (Gott Meru) kündigte im Jahre 1956 den Schülern in der Äußeren Welt an, die Mitglieder der Bruderschaft der Sieben Strahlen waren, daß er befugt sei, ein Äußeres Retreat in einem versteckten Tal Perus zu errichten, und daß dieser Heilige Ort im Norden des Klosters, seinem Verwaltungskörper, am Titicaca-See liege. Die Bruderschaft solle in Zukunft drei Ausdrucksmittel für ihren Dienst haben:

1. Das Kloster am Titicaca-See (Inneres Retreat)

2. Die Abtei im Verborgenen Tal in Peru (Erstes Äußeres Retreat, bekannt als **Zwischen**- oder Vermittlungsretreat).

3. Priorate (Verschiedene Gruppen, die 'nicht aus ihnen hervorgebracht wurden', weil sie in der materiellen Welt als Überbringer und Vermittler der Botschaften der Großen Weißen Bruderschaft gebraucht werden. Sie würden als Zweites Äußeres Retreat dienen.)

Wie wir schon erwähnten, verließen einige wenige Mitglieder der Zyklopischen Rasse nicht zusammen mit ihren Gefährten die Erde, als diese das Theta-Universum erreichten, sondern blieben aufgrund bestimmter karmischer Bedingungen auf unserem Planeten; sie sollten Ratgeber für die noch kommenden Menschen sein.

Als Sanat Kumara am 12. April 1957 berichtete, daß alle Inneren Retreats der Großen Weißen Bruderschaft auf eine höhere Ebene der spirituellen Schwingung gekommen seien, waren die Zyklopen auf der Erde schließlich frei, um sich mit ihrer Rasse, der Älteren Rasse oder den ELS, verbinden zu können. Darum wurde Aramu-Muru von seiner Position als Geistiges Oberhaupt (Abt) des Klosters entbunden. Er würde als Meister-Lehrer der Bruderschaft weiterwirken, aber von einer neuen, höheren Stellung aus. Ein gewisser **Bruder Johannes (Meister Johannes)** wurde ernannt, um den freigewordenen Platz des Klostervorstehers wieder einzunehmen. Darum gibt es seit der Zeit auf der Erde keine Zyklopen mehr in physischer Form. Alle von ihnen hatten zuletzt das große Geheimnis des 90 Grad-Phasenwechsels verdient und gelernt und gingen ins Zeitlose Universum über.

Nachdem Lord Muru im Jahre 1956 von der Geheimsitzung zurückkehrte, setzte er sofort jene Pläne in die Tat um, welche die Organisation des Ersten Außeren (Zwischen-)

Retreats so schnell wie möglich hervorbringen würde. Jene Mitglieder der Bruderschaft in der äußeren, materiellen Welt verkauften ihren materiellen Besitz, verließen ihre Arbeitsplätze und Freunde und begannen am 2. Dezember 1956 ihre Reise nach Lima. Von dort aus besuchten sie die meisten Städte Perus und suchten wenig bekannte Berggegenden auf in der Hoffnung, das Verborgene Tal, das zukünftige Heim von Lord Murus Erstem Äußeren Retreat, zu finden. Die Mentoren führten sie gut, doch einige von denen, die dorthin gekommen waren, fanden sich unvereinbar mit dem Ruf und der Mission und kehrten in die Vereinigten Staaten zurück. Andere suchten weiter nach dem Verborgenen Tal und begannen mit der Arbeit, die 1956 von der Großen Weißen Bruderschaft angeordnet worden war.

Den Pilgern wurden einige Zeichen gegeben, an denen sie ihr Retreat erkennen konnten. Diese sind in wenigen Worten:

Eine Gegend von prächtiger, natürlicher Schönheit; ein Platz des Friedens und der Ruhe, wo niemals Blut vergossen wurde; ein Ort mit reichlich klarem und reinem Wasser; in der Nähe ein rauschender Strom oder Fluß; ein Platz, an dem Gemüse und Früchte auf einem Boden wachsen können, der nicht durch chemische Düngemittel und Sprays verunreinigt wird; ein Land von glücklichen zufriedenen Menschen, die abseits von der äußeren Welt, aber doch in ihr, leben.

Im Februar 1957 kamen zwei Brüder der Abtei aus den Vereinigten Staaten in eine Stadt im hohen Andengebirge; sie waren von Lord Muru dorthingeschickt worden. Von ihren Mentoren wurde ihnen gesagt, daß ein Mann mit ihnen Kontakt aufnehmen und sie in ihr Verborgenes Tal fahren würde. Der Mann erschien ein paar Tage später, und sie reisten mit ihm viele Meilen nach Osten, über hohe verschneite Andenpässe, wo heulende, scharfe Winde über das karge Land fegten.

Der Weg zum Tal führte über enge Bergpfade, wo Erdrutsche an der Tagesordnung sind. Ist dies nicht genau so wie beim individuellen Spirituellen Weg - auf einer scharfen Schneide und voller Gefahren, wenn man auf ihm durch das Leben reist?

Es führt nur ein Weg in dieses Tal, und dieser Weg führt über diese einzige schmale Spur. Nach vielen Reisestunden erreichten die Brüder ein kleines Dorf, hoch oben auf einem phantastischen Steilhang gelegen. Über ihnen türmten sich die majestätischen, schneebedeckten Berge der Anden. In dem kalten Dorf gab es eine längere Verzögerung, weil für den Abstieg in das Verborgene Tal Maultiere vorbereitet werden mußten. Das Tal lag mehrere Tausend Fuß direkt unter dem winzigen Himmelsdorf. Alle wurden in einheimische Quechuanische Wollponchos und Capes verpackt, und endlich begann der Abstieg bei kaltem, beständigen Regen. Ganz allmählich wechselten Klima und Landschaftsbild. Es war so, als gehe der Winter langsam in den Sommer über. Der Regen hörte auf...es wurde wärmer, die Wollsachen wurden abgelegt, und Hemdsärmel waren angebracht. Schnee und Eis, die vorher für eine kurze Zeit so einschneidend gewesen waren, verschwanden vollständig, und die Brüder fühlten, daß sie tatsächlich die Geschichte vom 'Verlorenen Horizont' erlebten.

Dies war in der Tat ein Shan-Gri-La, ein verstecktes Tal, weitab von den Sorgen unseres chaotischen Planeten. Ja, es war ein Platz, wo ein großes Werk in friedvoller Atmosphäre vollendet werden konnte, ein Platz, wo niemals Blut geflossen ist und wo Quechua-Sprechende Indios, die Nachkommen des Großen Inka-Sonnenreiches, ruhig in einem halbtropischen Paradies leben.

An allen Seiten des Tals stürzen Hunderte von wunderschönen Wasserfällen die großen Felswände herunter und bringen klares, reines Wasser der Andengletscher ins Tal. Und es gibt einen großen, reißenden Fluß, wundervoll anzusehen, wie er sich seinen Weg wie ein silberglänzender Faden durch die ganze Tallänge windet.

Die Brüder lernten schnell, daß praktisch alles im Tal angepflanzt werden konnte. Es war ein Platz, wo Erzeugnisse aus gemäßigten Zonen Seite an Seite mit denen aus der tropischen Zone wuchsen!

Getreide, Bohnen, Kürbisse, Yucca (Palmlilie), Erbsen, Rüben, Karotten, Salat, Kohl, Papayas, Mangos, Cherimoyas (Jamaika-Äpfel) - eine sagenhafte Frucht mit fast 100 % Protein - Kartoffeln, Avokados, Tomaten, Bananen, Zitronen, Orangen, usw. wachsen im Überfluß, und dies sind nur einige wenige der vorhandenen Früchte und Gemüsesorten. Das ganze Jahr über kann gepflanzt und gesät werden, und es werden keine chemischen Düngemittel und Sprays gebraucht; alles wächst organisch und natürlich.
Die beiden Klosterbrüder erkannten dieses Tal sofort als das zukünftige Heim von Lord Murus Erstem Äußeren Retreat.
Die Brüder verließen dieses Verborgene Tal nur ungern, denn die Atmosphäre des Friedens, die über diesem Platz schwebt, ist stark und unvergeßlich. Veranschaulicht euch, wenn ihr könnt, den schmalen, gewundenen Fuß- und Eselpfad, der niemals brutale Räder oder moderne Fahrzeuge gesehen hat, oder die Lama-Karawanen, immer malerisch anzuschauen mit dem leuchtend buntem Garn in den Ohren der Tiere, dem Markierungszeichen des Eigentümers, oder die stillen, freundlichen Quechua-Indios, die auf das Erscheinen ihres wiederinkarnierten Inka-Herrschers warten und dann wieder in ein neues Inka-Sonnenreich einer Goldenen Morgendämmerung auf der Erde geführt werden. Diese Menschen wissen - obwohl sie so isoliert in diesem versteckten Tal leben - was heute in der Welt vor sich geht, und sie warten geduldig auf die Rückkehr von **Viracocha**, dem Großen Weißen Bruder.

Viele Schüler des Lebens sind nun in diesem Tal eingetroffen, und es gibt ein schönes Wohngebäude entlang der Abtei mit dem Scriptorium (Bücherei) und dem Lebenstempel. Alle Schüler folgen der klösterlichen Lebensweise, wie sie von der Großen Weißen Bruderschaft gelehrt wird. Die Abtei handelt unter der direkten Autorität und Führung des Klosters. Alle Mitglieder gehören dem Amethyst-Orden an, einem Illuminaten-Orden der Essener. Sie dienen unter dem Siebten oder Violetten (Purpur-) Strahl. Der Name der Abtei ist in der alten Quechua-Sprache der Inkas **Intihuaci**, Haus der Sonne.

In der Abtei werden sogenannte Regeln und Vorschriften befolgt, so daß alle Schüler des Lebens an einer großen Spirituellen Entwicklung und Erfahrung teilhaben können. Die Bruderschaft glaubt nicht, daß diese Lebensweise für die Erlösung notwendig ist oder daß diese Routine sogar für alle Menschen das Richtige sei. Der übliche Tagesablauf und die Lebensweise der Abtei hat sich entwickelt, um bei den fortgeschrittenen Schülern auf dem Pfad des Kosmischen Verstehens eine gewisse Spirituelle Erleuchtung hervorzubringen. Die folgenden Vorschriften bestehen für Novizen, die für eine Aufnahme in Lord Murus Erstem Äußeren Retreat, dem Kloster der Burderschaft, bereit sind:

Der spirituelle Anwärter, der in die Abtei aufgenommen werden möchte, muß als allererstes ein Sucher und Diener der Wahrheit sein und ein reines und rechtschaffenes Leben führen. Er muß ein theoretisches Verständnis des Großen Pfades besitzen. Es gibt weder Einschränkungen hinsichtliche von Alter, Geschlecht, materiellem Status, Rasse, Religionszugehörigkeit, noch ist die Bruderschaft an Dokumenten aus der Vergangenheit eines Schülers interessiert. Wichtig ist, daß der einzelne Student zur Zeit seiner Anwärterschaft die Wahrheit über alles sucht! Es gibt keine Religion, die über der Wahrheit steht!

Der Schüler muß sich des Kosmischen Christus bewußt sein, ihn anerkennen und glauben, daß dieser Christus als Gott **Fleisch** geworden ist, um die Erde zu belehren und daß dieser selbe Christus bald **im Fleische** wiederkommen wird.

'Simplify simply' - 'vereinfache einfach'! mit diesen berühmten Worten David Thoreaus wird die Lebensweise in der Abtei sehr gut definiert. Dies ist im täglichen Leben von größter Wichtigkeit.
Während es in Wirklichkeit keine Stufen oder Rangordnungen gibt, die einen Schüler über den anderen stellen, gibt es in der Abtei eine Gruppeneinteilung, die die Arbeitsbereiche kennzeichnet: Anwärter; Novize; Friar (Bettelmönche); Mönch; Prior (Priorin); Abt (Äbtissin).

Die Lebensart der Essener wird von allen Schülern befolgt. Es gibt regelmäßige Zeiten des Fastens, der Meditation und der Versenkung. Die Schüler sind Bettelmönche (Mönche, die das Gelöbnis der Armut abgelegt haben). Täglich wird das Heilige Gemeinschafts-Mahl oder Abendessen der Essener eingenommen, und der Novize unterzieht sich der Wassertaufe durch vollständiges Untertauchen, bevor er ein Friar wird, und der Friar erfährt eine Heilige Salbung mit Öl, bevor er ein Mönch des Ordens wird.
Die Schüler stehen in der Morgendämmerung auf und kehren nach der Meditation im Lebenstempel bei Sonnenuntergang in ihre eigenen Quartiere zurück.

In der Abtei werden keine Narkotika (Tabak, Arzneimittel, usw.) oder anregende Mittel wie Kaffee, Tee oder Schokolade verwendet. Jedoch werden bestimmte wohltuende Kräutertees getrunken. Es werden keine Rauschmittel, weder in Medizin noch in Lebensmitteln und Getränken, benutzt. Alle Schüler halten sich an strengen Vegetarismus, essen die Nahrung meist in rohem Zustand und nehmen sie aus individuellen Holzschalen zu sich. Reiner Honig wird verwendet. Es werden keine bearbeiteten Lebensmittel, wie gebleichte oder chemisch behandelte oder Konservennahrung verzehrt, sondern nur natürliche und organisch gewachsene, die giftfrei sind. Die meisten Schüler bevorzugen eine Diät aus rohen, natürlichen Früchten und Nüssen. Unser Körper ist der **Tempel Gottes**. 'Du sollst nicht töten' und 'leben und leben lassen' sind Prinzipien, nach denen in der Abtei gelebt wird.

Im Kloster wird Mönchskleidung getragen, sie ist aber sonst keine Vorschrift. Die Schüler verwenden weiße und ungebleichte, einfache Kleidung, Weite Hosen, Shorts, Jeans, usw. werden nicht getragen. Dies gilt jedoch nicht für Schüler, die in einer Mission unterwegs sind, wo solche Art Kleidung notwendig ist.
Schmuck und Kosmetika sind nicht erlaubt. Dies schließt auch Ehe- und Verlobungsringe ein, aber nicht Armbanduhren, Spangen, Brillen, usw. Die Haare werden von Frauen und Männern lang getragen. Die Männer können, wenn sie es wünschen, Bärte tragen, aber es wird nicht verlangt. Haustiere werden nicht empfohlen.

Kinder jeden Alters sind in der Abtei willkommen. Es besteht ein ausgezeichnetes Programm für sie: Lernen, Unterhaltung, Erholung und Meditation.
Von allen Schülern wird erwartet, daß sie finanziell für sich selbst sorgen. Das Leben in Peru ist sehr billig, und erst recht das Leben in dem verborgenen Tal.
Wer ernsthafte körperliche oder geistige Störungen hat, wird nicht ermutigt, in die Abtei zu kommen. Auf der Reise in das Tal müssen große Höhen erklommen werden, und es gibt viel Härte und Rauheit auf dieser Reise, die sie für einige unmöglich machen würde. Sie können dem Christuslicht dort dienen, wo sie gerade sind und die Schafe des Meisters in die Morgendämmerung des Neuen Zeitalters führen.

Die Familieneinheit wird aus dem Kloster zurückbehalten, da die Familien außerhalb des Hauptgebäudes an privaten Plätzen wohnen. Folglich genießt das Familienleben ein Sonderrecht, während gleichzeitig alle Schüler Teil der Bruderschaft-Gemeinschaft sind. Einzelne Männer und Frauen können ihr Quartier, wenn sie es wünschen, mit gleichgeschlechtlichen Mitgliedern teilen.

Die ganze Erfahrung eines Lebensschülers in der Abtei ist eine Erfahrung der Einführung in die körperliche, mentale und spirituelle Erleuchtung. Diese Einführung besteht aus Hingabe, Reinigung, Disziplin, Unterweisung und Dienst. Niemand wird allein aus dem Grund errettet werden, weil er zur Abtei gehört oder weil er das klösterliche Leben der Bruderschaft befolgt. Jedoch sind die Belohnungen der einzelnen Schüler sehr groß, die sie in Form des gelernten universellen Unterrichts erhalten.

Das Symbol oder Siegel des Klosters ist die pinkfarbene Rose, deren Farbe stellvertretend für die Flamme der Erleuchtung steht. Blaßrote Rosen sind immer das Symbol für die Botschafter Aramu-Murus. Diese wunderbare Rose liegt auf einer Goldenen Scheibe, denn Gold stellt die exoterische (äußere) Farbe der Erleuchtungsflamme dar und auch die Goldene Sonnenscheibe von Mu.

Das Symbol oder Siegel der Abtei ist die Goldene Sonnenscheibe von Mu mit zwölf hervorstehenden Strahlen, die für die zwölf Inneren und die zwölf Äußeren Planeten unseres Sonnensystems stehen. Die Strahlen symbolisieren auch die zwölf Herren. Sechs von diesen Strahlen sind kürzer als die anderen, weil sechs die Zahl ist, die repräsentativ für den weltlichen Dienst ist. Auf der Sonnenscheibe befindet sich das alte Ankh oder Ansata-Kreuz. Es war das Lebenskreuz im Alten Ägypten und bedeutet Ewiges Leben. Dieses Symbol wird benutzt, weil das Erste Äußere Retreat dem Menschen aktiv demonstriert, daß nichts jemals wirklich stirbt. Über dem Ankh befindet sich das Alles-Sehende Auge des Unendlichen Einen, der das Göttliche Leitlicht aller Retreats ist.

Die Fahne oder Standarte der Abtei enthält ein purpurnes Feld, das den Amethyst-Orden darstellt. Darauf befindet sich eine Goldene Sonnenscheibe, aus der sieben Strahlen hervorkommen. Jeder Strahl endet in einer Flamme. Die Scheibe steht natürlich für die ursprüngliche Sonnenscheibe von Mu, die sich jetzt im unterirdischen Tempel des Inneren Retreats befindet, und auch aus dem Grunde, weil der Quechua-Name der Abtei **Intihuaci** ist, das Haus der Sonne. Die Sieben Strahlen deuten auf die Bruderschaft der Sieben Strahlen hin und auf die **Sieben Wurzelrassen** (und Sieben Unterrassen jeder Wurzelrasse), die zur Evolution der Erde gehören. Die Flammen stehen für die Flamme der Erleuchtung im Erleuchtungstempel. Dieser Tempel beherbergt auch die Goldene Sonnenscheibe von Mu und befindet sich in einer höhlenartigen Kammer oder unterirdischen Halle in der Nähe des Klosters. Jedes Mitglied der Hierarchie, jedes Aufgestiegene Wesen und jedes Innere oder Äußere Retreat hat sein eigenes Symbol und seine eigene Fahne.

Wie wir schon vorher erwähnten, werden nun einzelne Schüler aller Rassen und Bekenntnisse in den Äußeren Retreats der Weißen Bruderschaft zusammengeführt, wo sie eine große spirituelle und philosophische Gesellschaft bilden werden. In der Abtei wurde mit Forschungsarbeiten auf folgenden Gebieten begonnen:Funktechnik, einschließlich einer neuen Methode, die **exakt** die Vergangenheit und Objekte aus der Vergangenheit festlegt ein wahrer Zeit-Abtaster; Ernährung und organischer Gartenbau; Metaphysik; Sprachenkurse; Anthropologie und Archäologie; historische Untersuchungen; Ermittlungen auf dem UFO-Sektor und Kontakt mit Besuchern aus dem Raum, die der KONFÖDERATION angehören, die die Große Weiße Bruderschaft zum gegenwärtigen Zeitpunkt aktiv unterstützt; Sonnen- und Lichtenergie; Arbeit mit Kindern aller Altersstufen; bessere Meditations- und Versenkungsmethoden; botanische Unterschungen, um neue wunderbare Pflanzen und Kräuter zu entdecken. Prominente Führer und Organisatoren der ganzen Welt sind eingeladen worden, um an dem intensiven Programm in der Abtei mitzuarbeiten und daran teilzuhaben.

Wenn ihr den Ruf vernehmt, wenn ihr alles aufgeben würdet und zu dem Verborgenen Tal kommt - in der Tat ein verzaubertes Tal, was den alten Bewohnern des Landes als Platz der Blumen bekannt ist, wo die Kleinen Menschen der Sagen wohnen - dann kommt! Und bringt nur eure Seelen mit.

DER ORDEN DER ROTEN HAND

Das Scriptorium des Klosters steht unter der Leitung seines Priors, dem Bruder Philip. Dieser Raum beherbergt Dokumente und Aufzeichnungen, Nachträge und Pergamentschriften der größten und ältesten Weltzivilisationen, aus Rom, Griechenland, Ägypten und Babylonien, Kreta und China, Tibet und Troja, Atlantis, Mu und Adoma und aus sogar noch älteren Epochen. Aus solchen geheimen Büchereien wie dieser wird aus allen Inneren Retreats der Großen Weißen Bruderschaft die alte und wahre Geschichte unseres Planeten hervorgehen, sowie die große Enthüllung dieses Planeten für den neuzeitlichen Menschen. Der Mensch wird große Überraschungen erleben, wenn er die Geschichte so entdeckt, wie sie sich wirklich ereignet hat! Früher haben die dunklen Kräfte die Geschichte so geschrieben, wie sie sie interpretiert haben wollten.

Der alte ORDEN der ROTEN HAND hat durch alle Zeiten der Erdgeschichte hindurch für die Erhaltung des Geheimen Wissens, des Arkanwissens, gearbeitet. Die Mitglieder dieses Ordens sind die Beschützer des großen, irdischen Lagerhauses mit seinen Schätzen, die wertvoller als Gold oder Edelsteine sind. Sie bewahren das Geheimnis, das Erbe der Menschen, in Südamerika.

Dieser Kontinent war nicht nur ein wüstes Gebiet, das an seiner Westküste von Lemurien und an seiner Ostküste von Atlantiden besiedelt worden war. Es ist wahr, daß diese beiden großen Zivilisationen des Atlantischen und Pazifischen Ozeans Teile von Südamerika besiedelten, aber dies war nur wenige tausend Jahre vor der endgültigen Zerstörung des Mutterlandes. Was existierte aber vor dem kulturellen Einfluß von Atlantis und Lemuria auf diesem großen südamerikanischen Kontinent?

Am 27. Mai 1957 wurde der Äußeren Welt durch die Abtei ein altes Geheimnis offenbart, das bisher nur den höchsten Meistern bekannt gewesen war. Es war bezeichnend, daß diese Information als erstes aus Südamerika kam, wo die geschilderten Ereignisse der dunklen Vergangenheit stattgefunden haben.

Die Große Weiße Bruderschaft entschied, daß jetzt die Zeit da war, diese Geheimnisse in Übereinstimmung mit den drei Beschlüssen von 1956 herauszubringen. Das überraschende Geheimnis war, daß Südamerika Seite an Seite mit Atlantis und Mu als dritte große Weltzivilisation existierte. Es war nicht nur eine Kolonie, sondern eine unabhängige Zivilisation, ein Amazonas-Reich, das kulturell höher stand als seine brühmteren Nachbarn in den nahegelegenen Ozeangebieten. Seine Baukunst war prachtvoller, seine Wissenschaft stellte alle anderen in den Schatten, und seine Menschen waren körperlich die schönsten auf der ganzen Erde. In vieler Hinsicht war es der Ratgeber der Könige, Priester und Lehrer der beiden bekannteren Verlorenen Kontinente der Erde.

Es unterschied sich auch in anderer Hinsicht von ihnen. Während die beiden Kontinente Atlantis und Lemuria beide im Ozean versanken, blieb es immer über dem Wasser erhalten - eingehüllt in dichten Dschungel - und wartet auf seine Wiederentdeckung in einer Zeit, wo der Mensch seinen Hunger nach Gold allein verlieren und nicht nur nach den materiellen Schätzen dieses Reiches suchen würde, sondern nach wertvolleren Schätzen: nach den Schlüsseln zu einem längeren Leben im Überfluß, zu einem Wissen, das dem Menschen schließlich sogar das Universum zu Füßen legt.

Aber ist es nicht auch ein Verlorener Kontinent? Es mag genauso gut untergegangen sein, denn wenige Menschen haben seine Wahrheit gesucht, und diejenigen, die sie gesucht haben, sind entweder in der Grünen Hölle des Dschungels oder in der Vergessenheit der Zeit verlorengegangen. Und jetzt, gerade zur rechten Zeit, hat die Hierarchie beschlossen, daß die 'Geheimen Plätze des Höchsten' den Auserwählten ihr Wissen bekanntgeben sollen, jenen 'Auserwählten', die in den Tagen nach der weltweiten Katastrophe auf der Erde übrigbleiben werden. Diese Überlebenden werden diese alte Weisheit in einer Neuen Welt einsetzen, die wieder in die Interplanetarische Bruderschaft unseres Sonnensystems gelangen wird. Die Menschheit wird in der Tat ihren unendlichen Weg durch die Zeit und die Sterne antreten.

In besonders geheimen Kammern der großen untergegangenen Städte im unerforschten Innern Südamerikas existieren Aufzeichnungen über die Geschichte und den Untergang Mu's, über das Schicksal von Atlantis und von den Geheimnissen des erleuchteten Amazonas-Reiches - in Legenden bekannt als Paititi und das Reich der Zyklopen, die vor einer Billion Jahren auf die Erde kamen - und über die Bewohner des Weltraums.

Es ist wahr, daß unsere Brüder aus dem All uns sehr viel lehren werden in unserem Neuen Zeitalter, aber sie sagen auch, daß es bei weitem besser sei, das sogenannte verlorengegangene Wissen wieder zu gewinnen, das Wissen um das Goldene Saturnische Zeitalter auf der Erde, als der Mensch noch mit den Göttern und Engeln redete. Sie sagen uns, daß solches Wissen unser wahres Erbe sei, und es würde allen wahrheitssuchenden Menschen auf der Erde gehören. Es ist eine Göttliche Gabe unseres Ewigen Vaters, und der Sohn ist jetzt für seine Erbschaft bereit. Darum sollen wir uns nicht nur auf die große außerirdische Intelligenz verlassen, denn wir haben unser eigenes Wissen, das uns weiterbringt und uns an die Seite unserer planetarischen Brüder und Schwestern stellt. Der Mensch kann in der gegenwärtigen Zeit zu den Himmeln der Erde aufsehen, um Führung zu erhalten, aber bezüglich der wissenschaftlichen Erkenntnisse kann er viel von den geheimen Plätzen der Erde lernen, denn Mutter Erde bringt aus ihrem Schoß ein derartiges Wissen hervor, das sie seit Jahrtausenden beschützt und bewahrt hat und das bald der Äußeren Welt des Menschen geboren wird. Wahrhaftig, gerade jetzt setzen die Geburtswehen ein.

Der ORDEN der ROTEN HAND ist so alt wie der Mensch auf der Erde selbst. Überall finden Archäologen Darstellungen einer menschlichen, rotgefärbten Hand. Es gibt sie im Überfluß auf den Höhlenwänden Europas, in Höhlenwohnungen Nordamerikas, und sie wird an vielen Wänden der Maya-Tempel in Yucatan in Mexiko gefunden. Die Hand selbst ist ein sehr altes, mystisches Symbol, und die dargestellten Geheimnisse sind heute noch Bestandteil von geheimen Logen-Zeremonien. Die Wissenschaftler haben sich gewundert, warum die ROTE HAND so oft unter den weltlichen Menschen zu finden ist. Und weil sie es einfach nicht wissen oder keine bessere Erklärung finden konnten, behaupten sie, daß es nur ein Beweis dafür sei, daß die Alten normale Deppen und Stümper gewesen wären.

Aber für euch Lichtschüler war und ist die ROTE HAND weit mehr als das. Sie steht für die Erhaltung von allem, was Gut und Wahr war und ist, während ihr Gegenspieler, die Schwarze Hand, für die Zerstörung des Arkanwissens steht, das über viele Jahrhunderte hindurch angewachsen ist. Es war z. B. die Kraft der Schwarzen Hand, die die Bücherei Alexandriens zerstörte, aber es waren die Bemühungen der ROTEN HAND, die die totale Zerstörung verhinderten und die wichtigsten Dokumente in versteckten Räumen sicherstellte, so daß nur Kopien oder unwichtige Dokumente in Caesars Flammen aufgingen.

Die Mitglieder der ROTEN HAND sind in vielen Inneren Retreats und Geheimschulen der Erde zu finden, und sie sind die ernannten Wächter über die Geheimen Plätze des

Höchsten. Dieser alte Orden hat nun die Aufsicht über die Forschungsgruppe der Abtei. Viele Projekte laufen bereits, einschließlich Untersuchungen über die wiederentdeckten Verlorenen Schriften der Vor-Inkas und über das Reich von Paititi, einschließlich vollständiger Erforschung und kartographischer Darstellung der Großen Mauer von Peru, die der Großen Mauer von China ähnlich ist, und bis zum Jahre 1931 völlig unbekannt war, wo sie dann aus der Luft entdeckt wurde. Diese Mauer ist weit älter als die Inkas oder vor ihnen die Chimus. Der Grund ihres Baues und die dahinterliegene Geschichte sind sagenumwoben und phantastisch. Ein anderes Projekt beschäftigt sich mit der Wiederentdeckung der Sonnenlichtenergie, die von den Vor-Inkas und später von den Inkas, die sie kopierten, benutzt wurde. Wieder ein anderes Projekt beschäftigt sich mit der Wiederentdeckung der Verlorenen Hauptstadt von Paititi selbst. Es ist schon viel getan worden, um dies zustande zu bringen. Es gibt auch noch andere Projekte, die sich mit dem unterirdischen Tempelsystem der alten Vor-Inkas beschäftigen. Die Abtei hat die Hilfe vieler südamerikanischer Universitäten, Museen und Wissenschafts-Kooperativen erhalten. Diese Zusammenarbeit mit der Äußeren Welt ist unschätzbar, und der größte Nutzen kann aus den schon gemachten Entdeckungen gezogen werden.

Dieses alles ist eine wirkliche Aufgabe des Nachforschens für die ROTE HAND, eine Suche nach der Wahrheit über den Menschen und warum er sich selbst auf dem Roten Planeten Erde befindet. Ebendas muß der Mensch lernen, während er sich noch hier auf der Erde befindet. und in das Neue Zeitalter schreitet, das jetzt angebrochen ist. Obwohl es zuerst einmal eigenartig erscheint, daß die Vergessenen Städte Südamerikas und die UFOs - die zu den kommenden Raumbesuchern gehören - miteinander verbunden sind, doch beide spielen eine wichtige Rolle in der gegenwärtigen Arbeit des alten ORDENS der ROTEN HAND!

UNTERGEGANGENE WELTEN UND DAS ERSCHEINEN DER MEISTER AUS DEM WELTRAUM

Wir haben bereits über das Erbe gesprochen, das im südamerikanischen Dschungel auf den Menschen wartet, und es geht weit über seine lebhaftesten Vorstellungen hinaus. Die wissenschaftlichen Erkenntnisse werden in alten Dokumenten-Kammern gefunden und in dem Neuen Zeitalter angewendet werden. Geheimnisse einer sehr fernen Vergangenheit werden die Anregung für eine glänzende Entwicklung in einer neueren Welt sein. Die Städte des sagenhaften Amazonas-Reiches, das schon vor anderen Weltzivilisationen bestand, gehören zu einem anderen untergegangenen Kontinent. Aber im Gegensatz zu Atlantis und Mu ging dieser Kontinent nicht in den Fluten eines Ozeans unter, sondern ist unter weiten Gebieten von Grüner Hölle, dem Südamerikanischen Dschungel, begraben. Diese Städte haben sich niemals unter Wasser befunden; ihre Aufzeichnungen liegen daher gut erhalten an ihren letzten Ruheplätzen in den großen Büchereien des vergessenen Paititi. Unzählige Schätze wurden von unterrichteten Priester-Wissenschaftlern nach Paititi gebracht als bekannt wurde, daß die beiden Kontinente Atlantis und Lemuria zur Vergessenheit verurteilt worden waren. Was für ein Vermächtnis wird in jenen Gebieten gefunden werden, wo jetzt nur das Geschrei der Affen und der Ruf des Vogels zu hören sind - das zusammengefaßte Wissen der drei größten Reiche, die die Welt jemals gekannt hat.

Im frühen Juni des Jahres 1957 bahnte sich die Expeditionsgruppe der Abtei unter der Leitung des ORDENS der ROTEN HAND ihren Weg zu Fuß und auf Pferden über schwierige Pfade bis zum Marcahuasi-Plateau der Anden, wo sie hoch in den peruanischen Bergen unerwartet auf einen Vergangenen Heiligen Wald oder Garten der Götter stießen. Dieser eigenartige Platz ist bei den Nachkommen der Huanca-Indios als das Zuhause der Zauberer und Rie-

sengötter bekannt.
Auf der Höhe des Plateaus befindet sich eine große Steinfestung in einem bemerkenswerten, gut erhaltenen Zustand. Sie wurde um 135o n. Chr. von den Inka-Kriegern benutzt, als sie die Huancas eroberten und das ganze Gebiet militärisch besetzten. Um diese Festung herum gibt es viele Stein-Chulpas oder Grabstätten, die alle ausgeraubt worden sind. Nach der Ermordung des Inka-Herrschers Atahualpa in Cajamarca, Peru, trafen die Spanier in Marcahuasi ein und zerstörten die alten Mumienbündel, um ihre Gier nach dem gelben Metall zu befriedigen. Heute sind in jedem Grab nur noch wenige Gebeine erhalten. Eine alte Begräbnisstätte, die sich mehrere tausend Fuß oberhalb des Tals befindet, erwies sich als sehr bedeutsam, denn sie enthält ein ungeöffnetes Grab, das aus unerklärlichen Gründen nicht geschändet worden ist. Darin wurden unzählige Mumien gefunden; aber diese Entdeckung ist bedeutungslos gegenüber den phantastischen alten Stein-Skulpturen des Marcahuasi-Plateaus.

Dieses Plateau liegt 3.66o m über dem Meeresspiegel und ist die meiste Zeit des Jahres in Nebel eingehüllt; aber zwischen Mai und September strahlt die Sonne, und es wird zu einem bezaubernden Flecken, obwohl es nachts sehr kalt ist. Die vielen großen Stein-Skulpturen sind ein bedeutender Schlüssel zu den alten Mysterien der Erde. Vögel und Tiere - von Löwen und Elefanten bis zu Kamelen und Pinguinen, die niemals in Südamerika existierten - sind in riesigen Proportionen in Stein gemeißelt. Alle menschlichen Rassen scheinen vertreten zu sein, und viele große Steinköpfe haben Ähnlichkeit mit den Figuren, die auf den berühmten Oster-Inseln im Pazifik gefunden worden sind.

Viele alte Religionen werden symbolisch dargestellt, durch wundervolle und feingemeißelte Sphinxen, Gesichter und Gestalten vergessener Götter und Göttinnen. Die Gestalten sind riesengroß und von wissenschaftlicher

Berechnung; man nimmt an, daß sie von einer Rasse von Riesen-Menschen gemacht worden sind.
Sie müssen mindestens 3,60 m groß gewesen sein. Es ist nicht sicher, ob es sich hierbei um Zyklopen gehandelt hat, aber die eigenartige dimensionale Beschaffenheit dieser Steine zeigt an, daß es so gewesen sein könnte.

Unter den heutigen Eingeborenen Südamerikas gibt es viele Legenden, die von den großen, blonden Menschen erzählen, die einst auf diesem Kontinent lebten - auch die Inkas sprachen von Riesen. Diese riesigen Steinfiguren sind sehr ungewöhnlich, denn wenn das Licht der Sonne oder des Mondes sie in einem bestimmten Winkel anstrahlt, sieht man Dinge, die man zu einer anderen Zeit unmöglich sehen kann. Das Aussehen ändert sich jedesmal, wenn man sie zu verschiedenen Zeiten, unter verschiedenen Bedingungen und aus unterschiedlichen Winkeln anschaut. Die meisten der Gestalten haben drei oder vier Augen, aber ganz gleich, von welcher Seite man sie anschaut, scheinen es immer nur zwei zu sein. Wenn man sie nicht von einem gegebenen, festgelegten Standort aus betrachtet, kann man die Statuen nicht so sehen, wie es beabsichtigt ist. Darum mußten wir auf die erhöhte Plattform in der Nähe der Figuren steigen, die von den Erbauern extra für die Betrachtung hergestellt worden ist.

Die Figuren sind aus Granit gehauen, aber schon ziemlich abgetreten und zerfressen. Doch sind sie sogar heute noch in ihrer Ausführung prächtig anzuschauen, und es verschlägt einem den Atem, wenn man über sie und ihre Erbauer nachsinnt. Wer waren diese Riesen? Woher kamen sie? Wohin gingen sie? Wir wollen diese Antworten durch unsere Nachforschungen in der Abtei herausfinden.
Die Figuren bedecken ein Gebiet von mehreren Quadratkilometern, und Berichte aus anderen Teilen Südamerikas zeigen an, daß sie auch noch woanders zu finden sind, aber nicht in so einem Zustand der Abgeschiedenheit und des Überflusses wie in Marcahuasi.

Es wurden dort auch noch einige Altäre gefunden, die offensichtlich von den Riesen für den Gebrauch hergestellt worden sind, aber noch überraschender ist die Tatsache, daß irgendetwas über dem Plateau zu schweben scheint, das nicht von dieser Welt ist. Fast die ganze Zeit über kann man einen ungewöhnlichen Summton hören, der von den Figuren ausgeht, und dieser Ton ist auf keine natürliche Ursache zurückzuführen. Man fühlt, daß man es mit etwas zu tun hat, was gegenwärtig noch außerhalb des menschlichen Fassungsvermögens liegt; es ist ein Einblick in eine andere Dimension von Zeit und Raum.
Wenn man ein Foto von der in Stein gehauenen Figur einenes sehr alten Mannes macht und das Negativ betrachtet, erscheint es nicht als alter Mann, sondern als Bild eines hübschen, jungen Mannes. Wer konnte diese Steine so anfertigen, daß sich unter bestimmten Winkeln die Gestalten und Formen verändern und Schatten in das Tal werfen würden, wo bei verändertem Licht sich seltsame Geschöpfe wie Lebendige bewegen?

Dieses Geschlecht von riesigen Wesen benutzte natürliche Objekte, die eine Ähnlichkeit mit bekannten Tieren zu haben schienen, und durch das Nachbilden in Stein vollendeten sie noch die Ausführungen. Das Ergebnis erweckt den Anschein, als seien diese Tiere gerade aus dem Erdboden geboren. Dies war ein Heiliger oder Geweihter Wald, in dem noch niemand gelebt hatte und der wahrscheinlich anschließend für wissenschaftlich-religiöse Zwecke benutzt wurde. Damals waren Wissenschaft und Religion in der Wahrheit vereinigt, so wie es im Neuen Zeitalter wieder sein wird. Es ist vielleicht der letzte Heilige Wald, der noch fast unberührt und unbehelligt durch den modernen Menschen geblieben ist. Es ist möglich, daß Marcahuasi von der Rasse benutzt worden ist, die später als Els bekannt wurden. Die Huanca-Indios verehren heute noch einen gewissen Huari, der ein Herkules ihrer Sagen war, ein Riese. Es scheint so, daß die Erinnerung an die Riesen in der Mythologie der Huancas

immer bestehen bleibt, und ihr Huari muß ursprünglich ein großer Führer des Riesengeschlechts gewesen sein. Die Huancas zelebrieren noch heute eigenartige Rituale an versteckten Plätzen in der Nähe des Plateaus, Rituale, die noch kein Weißer je gesehen hat. Bis vor einigen Jahren wurden diese Riten noch in Marcahuasi selbst zelebriert.
Die überraschendste Tatsache alter Enthüllungen der Forschungsarbeit der Abtei ist folgende: Als die von der peruanischen Regierung angefertigten Luftaufnahmen des Plateaus sorgfältig studiert wurden, konnten scharf umrissene, riesige Figuren gesehen werden, die nur von oben aus der Luft sichtbar waren. Bedeutet dies, daß die Riesen Luftschiffe hatten? Waren die Figuren, so wie sie von oben aus gesehen werden können, besondere Markierungen oder Symbole für Luftschiffe, die aus dem außerplanetarischen Raum oder von anderen nahegelegenen Planeten kamen? Marcahuasi wird sich als wichtiges Gebiet für zukünftige Nachforschungen erweisen, in Bezug auf die Zyklopische Rasse und das Erscheinen der Meister und Lehrer aus dem All.

In der ersten Julihälfte des Jahres 1957 bewegte sich die Expeditionsgruppe der Abtei ostwärts in Richtung des sagenumwobenen Paititi. Das weite Ödland östlich von Cuzco war bis in das Gebiet des Rio Alto Madre de Dios vorgedrungen. Die Gruppe hatte mit vielen Schwierigkeiten zu kämpfen, aber das Ergebnis des Unternehmens war von Erfolg gekrönt. Die herkömmlichen Dschungel-Einwohner begleiteten sie in großer Zahl. Fledermäuse, Jaguare, Riesenameisen, giftige Schlangen und andere Tiere erwiesen sich als bösartig, aber sie behinderten nicht die Entwicklung der Untersuchung in dem unerforschten Gebiet in der Nähe der Quellflüsse des Rio Sinkibenia. Die Verwandtschaft mit allem Leben wurde praktiziert, und dies mag daran gelegen haben, daß die Expeditionsteilnehmer nur wenig Schwierigkeiten mit den gefährlichen Tieren hatten und daß niemand ein Gewehr trug.

Hunderte von Malen mußten gefährliche Stromschnellen in reißenden Flüssen überquert werden, und insgesamt wurden 200 km durch Sumpf und dichtes Dschungelgewächs zurückgelegt, das sich als fast undurchdringliche Mauer erwies, als wir uns mit Macheten unseren Weg hindurchschlugen. Wenn überhaupt kein Weg mehr weiterführte, mußten wir mitten durch die Flüsse gehen oder das Felsgestein benutzen, wenn welches da war. Wir konnten unmöglich während der Regenzeit in dieses unbekannte Land eindringen, denn dann haben die Flüsse Hochwasser und niemand kann zu Fuß große Entfernungen zurücklegen.

Unser Ziel in der ersten Junihälfte des Jahres 1957 war eine niedrige Berggruppe, die wirklich gerade die letzten Ausläufer der Anden im Westen sind. Sie erscheinen aus der Ferne wie eine Vergangene Welt von fiktionärer Berühmtheit: große, grüne Erdhügel in Dunst und Nebel eingehüllt, eine Welt, die uns majestätisch und geheimnisvoll vorkam. Die Reise zu Fuß war beschwerlich und langsam.

Für den modernen Menschen mag dieses Land unbekannt sein, aber es wurde von seinem Schöpfer nicht vergessen, denn es ist einfach wundervoll und phantastisch. Uns reizte dieses Gebiet wegen der unzähligen Geschichten, die unter den südamerikanischen Stämmen erzählt werden, nämlich daß sich hier irgendwo in der Nähe eine große Vergangene Steinstadt der Alten befindet. Der spanische Eroberer Juan Alvarez Maldonado leitete im 16. Jahrhundert eine Expedition in das Gebiet des Alto Madre de Dios, und er hielt nach eben dieser Stadt Ausschau. Jedoch erreichte er niemals das Gebiet unserer Bestimmung, denn es ist noch immer unbekannt.

Vor wenigen Jahren befand sich ein Piro-Indio in derselben Gegend, um seine fortgelaufene Machiguenga-Indiofrau zu suchen. In der niedrigen Gebirgskette in der Nähe der Quellflüsse zweier unbekannter Flüsse traf er auf

eine steinige Straße. Er folgte ihr in eine große Stadt voller prächtiger Steinhäuser, Plätze und Tempel. Kein Inka oder Spanier hatte jemals diese Überreste gesehen.
Warum? Weil diese Vergessene Stadt nur eine von vielen Städten ist, die zu dem alten Amazonas-Reich von Paititi gehörten. Ganz in der Nähe der Gegend, wo der Piro-Indio seine Entdeckung machte, erzählt die Legende von einem seltsamen Vergangenen Eingang oder einem Portal zu einer vorsintflutlichen Welt (kein wirklicher Eingang, sondern die steinige Oberfläche einer riesigen Felswand, die mit Schriftzeichen bedeckt ist, die den eingeborenen Stämmen angeblich unbekannt ist, obwohl sie seit Jahrhunderten in diesem Gebiet gewohnt haben).
Am 10. Juni 1957 entdeckten wir diesen sagenhaften Eingang oder Felsen der Schriftzeichen im unbekannten Gebiet des Rio Sinkibenia. Wir befanden uns in ziemlicher Nähe eines unbekannten, wilden Stammes, der niemals vorher von zivilisierten Menschen besucht worden war. Sie wünschen keinen Kontakt mit der Außenwelt, von der sie durch andere indianische Besucher gehört haben. Die Abtei will ihre Nachforschungen in diesem bedeutenden Gebiet fortsetzen und durch das Dorf dieses Stammes gehen, um zu versuchen, in die Vergessene Steinstadt zu kommen. Die Menschen dieser Stadt fertigten die Figuren und Hieroglyphen auf dem Fels der Schriftzeichen an.

In jenem Jahr wurden viele Zeichnungen und Fotos von den Tausenden von Stein-Hieroglyphen gemacht, die keine groben Felszeichnungen aus dem Steinzeitalter sind, sondern echte Schriftzeichen einer hochstehenden und alten Rasse. Die Zeichen haben dieselbe Form wie die Schriftzeichen von Atlantis und Mu, und sie sind die hinterlassenen Aufzeichnungen der Menschen aus der Alten Steinstadt. Sie haben einen Bezug zu den ältesten Sprachen der Welt und bedecken ein Gebiet auf der Oberfläche der Felswand von 30 m in der Länge und ungefähr 2,5o m in der Höhe. Viele der Zeichen scheinen mit den Schriftzeichen der Mayas und Azteken verwandt zu sein, und es ist sogar der Versuch eines Basisrelief in einigen

Steinfiguren zu erkennen.

Eine Figur zeigt einen jungen Mann mit großem Helm, der nach Westen zeigt. Wir glauben, daß er in die Richtung der Alten Steinstadt weist, deren Priester-Wissenschaftler wichtige, historische Ereignisse auf der großen Felswand aufzeichneten. Es gibt noch ähnliche Stadt-Beschreibungen, die in den ägyptischen Tempeln gefunden worden sind. Es wurden noch drei andere Felsen mit Aufzeichnungen entdeckt, die bei anderen zukünftigen Expeditionen untersucht und studiert werden. Die Expeditionsgruppe trat den Rückweg über den Rio Sinkibenia an - auf einem leichten Balsa-Floß, das sie sich selbst bauen mußten - und bewältigten den Rest der Reise mit indianischen Kanus zu Fuß.

Der Tatbestand, daß die Hieroglyphen eine echte Schrift sind, ist eine ungeheuer wichtige Entdeckung in Südamerika, denn es wird geglaubt, daß die Inkas und Vor-Inkas überhaupt keine Art des Schreibens kannten. In der Abtei werden die Studenten ihre Nachforschung den Schriftzeichen fortsetzen.
Neben dieser Entdeckung wurden viele Sagen und Geschichten von dem wenig bekannten Machiguenga-Stamm dieses Gebietes gesammelt. Diese Legenden berichten ausführlich über die Katastrophe, die während der endgültigen Zerstörung von Lemuria und Atlantis über die Welt kam. Dies war natürlich zu der Zeit, wo das alte Tiahuanaco vom Meeresspiegel in die kargen Höhen angehoben wurde und die Anden entstanden. Es war zu der Zeit, wo Aramu-Muru sich mit den Aufzeichnungen und der Goldenen Sonnenscheibe von Mu in seinem Luftschiff über dem wütenden Meer in Richtung Südamerika befand. Auf dem ganzen südamerikanischen Kontinent ereigneten sich große Erdbeben. Solche Städte wie Tiahuanaco an der Küste waren am meisten betroffen. Diese Bevölkerungszentren an der Küste waren lemurianische Kolonialstadte, während die Alten Steinstädte weiter im Osten viel älter waren und zum Amazonas-Reich gehör-

ten. Sie hatten nichts mit den Kolonialisationsplänen von Lemuria zu tun und lagen in einem Gebiet, das weniger Schaden erlitt, und ihre Bauwerke wurden auch nicht ruiniert - oder nur teilweise.
Andere Sagen der Machiguenga berichten von der Zeit, wo ihre Vorfahren mit den Menschen des Himmels redeten, und die Sprache der Machiguenga ist keine Sprache der Wilden, was beweist, daß diese Menschen sich aufgrund der Zerstörung des Amazonas-Reiches bis zu ihrem gegenwärtigen Zustand degeneriert haben. Warum aber entarteten die Eingeborenen, wenn die Städte während der Katastrophe nicht vollständig zerstört wurden? Es wird angenommen, daß die Machiguengas und andere Stämme nicht die Herrscher der Städte waren, sondern für die Leute dort in der Stadt arbeiteten, und daß ihre Herren bärtige weiße Menschen waren. Tatsächlich munkelt man heute unter den jungen Stämmen, daß solche weißen Menschen in langen Gewändern noch leben und mit ihren Untersuchungen in der Hauptstadt von Paititi fortfahren, die eine Vergangene Stadt von Dreißig Zitadellen ist. Es ist kaum zu glauben, daß diese Menschen dort seit so langer Zeit leben, wo doch die Inkas als erste nach Peru kamen.

Die Herrscher des Inka-Sonnenreiches suchten nach dieser Stadt, fanden sie aber niemals. Die spanischen Eroberer nach Pizarro traten in der Wildnis mutig dem Tod entgegen, um die ungeheuren Schätze von Gold, Silber und Juwelen zu rauben. Sie haben noch nie so sehr wie damals einen flüchtigen Blick auf den äußeren Nachlaß dieses Gebietes werfen können. Doch dieser wurde vor den Augen von goldhungrigen Menschen immer verborgen gehalten, denn es beinhaltet noch weit wertvollere Schätze als gelbes Metall oder Edelsteine, die den Hals oder Arm einer stolzen und hochmütigen Erdentochter schmückten.

In den Türmen der Verschwundenen Städte befindet sich ein flammender Kristall aus weißem Licht, der ewig scheint. Dies ist ohne Zweifel das Maxin-Licht der Alten, und es strahlt die gleiche Kraft aus, die heute von den Raumbesuchern in den UFOs verwendet wird. Die Missionare im Inneren Südamerikas berichten von vielen Raumschiffen, und die Raum-Konföderation besitzt eine riesige Basis dort in der Nähe der Verschwundenen Städte und ihrer Überreste, die in voller Pracht zu einer Zeit existierten, als die Ahnen aus dem Raum dort landeten und in Kommunikation mit den Priester-Wissenschaftlern der Städte traten. Die Meister des Raumes saßen in großen Konklaven mit den Meistern der Erde zusammen, denn war es nicht eine Zeit, wo sich der Mensch mit den Göttern unterhielt? In unserer Generation sind die außerplanetarischen Besucher zurückgekommen, um die Städte wieder zu besuchen.

Jetzt sind die Meister-Lehrer der Inneren Retreats aus der ganzen Welt - Zusammenarbeit mit der Hierarchie der Großen Weißen Bruderschaft - wieder in Kommunikation mit den kommenden Meistern aus dem All, genau so, wie es früher in Paititi's glorreichen Jahren war. Wegen der Gerüchte um die weißen Lehrer in langen Roben, die sogar heute im Dschungel erscheinen, ist es wahrscheinlich, daß viele der Verschwundenen Städte als ein Brenn- oder Konzentrationspunkt der Weisheit dienen.

Lieber Lichtschüler, kannst du die Vision begreifen, die uns die Himmlische Hierarchie vermitteln möchte? Kannst du die Zukunft sehen, wo sich Raummenschen und Raumlehrer zusammentun, um die Überlebenden, die übrigbleiben, zu führen? So wie die Katastrophen der Vergangenheit bewirkten, daß das Arkanwissen geheimgehalten wurde, werden sie heute auch dasselbe Wissen veranlassen, sich dem geistig hungrigen Menschen wieder zu offenbaren. Aber habt keine Angst vor den Veränderungen auf der Welt. Folgt den Worten von Meister Kirpal Singh Ji Maharay von Delhi, einem lebenden Heiligen, der noch in eine physische Form gekleidet ist:
'Es besteht kein Grund zur Angst. Jeder der Eingeweihten

sollte lernen, sich durch regelmäßige Meditationsübungen über das körperliche Bewußtsein zu erheben. Keinerlei Todesschmerz wird empfunden werden. Ihr solltet nichts tun, außer sensible Vorsichtsmaßnahmen zu treffen (wenn sie überhaupt notwendig sind) und euch regelmäßig der Meditation hingeben und alles übrige der Meisterkraft überlassen, die über jedem Eingeweihten ist und die jede erdenkliche Hilfe und jeglichen Schutz gewährt. Es werden Anstrengungen unternommen aus Höheren Kreisen, um die bevorstehende Katastrophe zu verhindern oder einzudämmen. Die Meisterkraft ist über dem Eingeweihten, und sie brauchen keine Angst zu haben.'

Es gibt Studenten des Lichts, die jetzt im NEUEN BRENNPUNKT DER NEUEN WELT DER ERLEUCHTUNG arbeiten und dienen, wo der 'weibliche Aspekt' des 'Permanenten Strahls' in die Erde eintritt. Sie betraten die Pfade der Höhen und Tiefen, und sie gehen dort, wo es keine Pfade gibt; sie kennen die Flüsse und Seen, die Gletscher und die Wüsten; sie sind unermüdlich wie die Diener der Alten, und doch haben sie eine moderne Mission, in der sie eine NEUE WELT lehren müssen. Sie müssen der gegenwärtigen Welt die w a h r e alte Welt vorstellen, damit die zukünftige Welt, die jetzt als eine goldene Sonne am Horizont unseres Tages auftaucht, ihr Göttliches Testament erbt. Diese sind dann die Brücke der Sieben Strahlen - die Essener der Anden.

WIEDERGABE VON BOTSCHAFTEN DER HIERARCHIE

Alle Ratgeber und Mentoren, die hier vorgestellt werden, existierten einmal und fahren fort zu sein, kanalisiert und aufgezeichnet im Scriptorium, das sich in der Abtei befindet, dem Ersten Äußeren Retreat oder Heiligtum der Bruderschaft der Sieben Strahlen (der Erleuchtung) in den Anden von Peru.

Einige der Mentoren, die hier sprechen, sind Aufgestiegene Heilige Meister, während andere Lehrer sind, die noch in einem physischen Körper auf der Erde leben und in den Geheimschulen der Weißen Bruderschaft dienen. Ihre Worte wurden mit Hilfe von Stimmen festgehalten, die telepatisch übermittelt wurden.

GELIEBTER SANAT KUMARA (Sein Heimatplanet = Venus)

Ihr Geliebten, der ganze Kosmos schwingt in Liebe, Harmonie und Frieden gemäß der Verfügung aller Menschen aus vielen Sphären. Das Licht ihrer Liebe wächst beständig zu einer großen Flamme heran, die alles Verlangen, alle Gier und Böswilligkeit und allen Haß verzehren wird und die wie eine große Flutwelle über die Erde kommen wird.

Vor langer Zeit bemerkte ich einen großen Stern, der im Osten aufging, und dies war das Zeichen für den Menschen auf der Erde, daß die Wiedergutmachung nahe bevorsteht, die Errettung war gegenwärtig. Keiner Seele, mag sie noch so niedrig sein, wird der Zutritt zur großen Schule des Lebens verwehrt werden. Dies ist wahrhaftig die Zeit, wo der Löwe sich zu dem Lamm legen wird.

Auf der Erde verursacht die große Verwirrung in den Köp-

fen der Menschen diesen Tumult, und sogar die Meere kochen vor Haß; aber E R kam, um zu beweisen, daß die aufgeregten Wasser ruhig und still sein können; die Wildheit der Nachtstürme kann durch das Erheben einer Hand zum Schweigen gebracht werden, nicht durch das Heben einer Hand zum Schlagen oder Verletzen, sondern durch die erhobene Hand in liebevoller Segnung. Der Vater stellte die Erde und alle himmlischen Körper in den Himmel. Sie wurden für den Menschen aus einer spiralförmigen, ursprünglichen Substanz geschaffen. Der Mensch sollte der Gott der physischen Form sein: der Mensch - der höchste Ausdruck der Göttlichkeit im ganzen Universum.
Oh Mensch! Erkenne, daß du die höchste Form der Göttlichkeit im ganzen Universum bist! Es gibt nichts darüber hinaus. Und darin bist du groß und erhaben, und darin bist du der Geringste. Du bist der Niedrigste, weil du weißt, und die anderen Lebensformen wissen nicht. Darum mußt du ihr Bruder und ihr Diener sein.

Es gibt Leben und Intelligenz in allen Formen, wie die Alten es schon wußten. Der Mensch ist nicht das einzige denkende Wesen. Jedes Element, jedes Mineral - alle Formen - haben eine innewohnende Intelligenz, und der Mensch ist ihr Beschützer und ihr älterer Bruder. Du bist der ältere Bruder dieser Formen, dieser unzähligen Formen des ganzen Universums. Es liegt an dir, sie zu einer immer höheren Entwicklung emporzuheben als ihre gegenwärtige, und sich zusammen mit den Menschen zu unendlicher Größer über die Welten zu entwickeln, zum Ewigen Licht.

Jetzt erscheint die Schönheit des Zeitalters, wenn alle Zweifel und Ängste wie eine große Rolle beiseitegerollt werden. Und es wird ein großes Donnern geben! Die Himmel werden auseinanderbrechen! Und dann sieht der Mensch sich selbst und schaut in den Spiegel des Wissens. Es wird keine Verwirrung mehr geben. Der Mensch akzeptiert das Szepter seiner Gottheit, so daß sein Fortschritt über die Sterne nicht länger von der Dunkelheit der Ignoranz und des Aberglaubens behindert sein wird. Erkenne dies, und indem du es erkennst, mußt du notwendigerweise traurig sein; und doch solltest du glücklich sein über die Schönheit, die es bringen wird.

Aber jetzt spreche ich für einen Moment über das, was in der Luft liegt und unmittelbar bervorsteht. Ja, es kann zu Atombombenexplosionen kommen und zu Beschießungen durch kosmische Strahlen, aber dies sind die Auswirkungen.
Was ist die Ursache? Die Ursache der Zerstörung, die über die Erde kommen wird, liegt in dem eigenen Denken des Menschen!

Seit der Zeit, da die Söhne Gottes zu den Töchtern der Menschen kamen und tierische Menschen auf der Erde erschienen, kämpft er darum, aus dem Tier in sich einen Engel zu machen. Aber das falsche und fehlerhafte Denken wird nun hervorbrechen, weil die Elemente es ablehnen, beachtet zu werden, da sie schon seit Tausenden von Jahren auf der Erde sind. Die Elemente! Sie sind intelligente Leben! Sie sind Teil des Ewigen Einen, und weil sie Teil des Unendlichen Einen sind, werden sie nicht länger auf das negative Denken der Menschen eingehen. Und sie werden rebellieren und große Flutwellen und Stürme verursachen. Millionen werden vernichtet! Sie werden wiedergeboren in anderen Welten, die ihrer Entwicklungsstufe entsprechen. Und wegen der Überlebenden, die übrigbleiben müssen, wird die Erde gereinigt und zu einer höheren Schwingung emporsteigen.

Schon sehr bald werden die Winde heulen, schneller als wir es erkennen können. Es ist schon über uns, denn ich habe es persönlich bei einer Entwicklungsebene, die gerade eine Stufe über der physischen Ausdrucksform der Erde steht, gesehen, und das bedeutet, wenn es noch auf eine tiefere, eine weitere Ebene herabsteigt, wird es zur Realität werden. Die Felder und die großen Städte wer-

* Das Unaussprechliche (Kahunas)

den verwüstet und ohne Einwohner sein. Könnt ihr euch eine große Stadt wie London, New York oder Paris vorstellen, wo Millionen von Männern und Frauen leben, arbeiten und spielen? Könnt ihr euch eine schlimmere Verwüstung vorstellen als eine Millionen-Stadt ohne Einwohner? Es ist so, als sei das Universum plötzlich der Menschen beraubt, denn die Freude des Schöpfers - der Mensch - ist sein höchster Ausdruck. Ohne Menschen ist Er ohne Liebe. Und obwohl der Mensch Ihm den größten Schmerz zufügen kann, kann er Ihn auch zu größter Sehnsucht bringen. Denn ohne Menschen kann selbst der Unendliche Eine nicht fortschreiten, und warum sollten wir Ihn begrenzen oder einschränken? Wenn sich der Mensch entwickelt, kann Er sich dann nicht auch entwickeln? Kann Er nicht durch Seine eigene Schöpfung neues Erheben in der Liebe finden?

Oh, du Mensch der Erde! Wenn du die Liebe kennen würdest, die zu dir herunterkommt aus unzähligen Sphären, von heiligen Geistwesen! Wenn du zuhören würdest, könntest du es wissen. Es kann nichts außer der Schönheit bestehen. Von der ganzen Katastrophe, die kommen wird, soll nur die Vision einer wunderbaren Rose zurückbleiben, denn der Mensch schreitet weiter vorwärts in ein gereinigtes Licht seiner eigenen Schöpfung.

Die Kräfte des Schwarzen Drachen - sie können die Ohren der Menschen betäuben, daß sie die Sphärenmusik nicht hören, die Musik der Engel-Heerscharen, und doch haben sie nicht die Macht, die himmlischen Bewegungen zu stoppen, denn unabhängig von ihren starken Armeen wird der Mond immer erhalten bleiben, um die Morgendämmerung eines neuen Tages zu begrüßen. Und sie haben noch nicht gelernt, den melodischen Gesang des Baches zum Schweigen zu bringen, noch können sie in ihren Errungenschaften Höhen erreichen, die der Adler in seinem aufsteigenden Fluß erreichen kann - wie ein starkes Gebet, das von der Erde zum Ewigen Thron aufsteigt - denn der Adler ist der Meister der Erde über allen von ihnen.

Erinnere dich, die Schönheit der Erde liegt in der Schöpfung, auf der du stehst, von der du deinen Unterhalt empfängst. Sie ist wie der Schoß unseres Vaters, in den wir unseren Kopf legen, um Stärke zu erhalten. Sie ist unsere Mutter und auch unser Vater. Die Erde ist eine wunderschöne Welt, bei weitem schöner als einige ihrer Nachbarn. Ich habe die Erde immer über alle anderen Schöpfungen geliebt, denn ich sehe in ihr eine Melodie, die sich noch nicht in die Ätherbereiche verflüchtigt hat. Ich sehe sie als ein weinendes Ganzes. Aber sie soll nicht länger ihres himmlischen Liedes beraubt werden!

Nein. Ich sage, daß der Schwarze Drache mit all seiner negativen Kraft nicht fähig gewesen ist, die Schönheit der Schöpfung hinwegzunehmen. Diese Kraft ist nicht fähig gewesen, den Bach oder das Lied der Welten-Morgendämmerung zu leugnen. Ja, wenn sie könnten, würden sie die Zartheit der Nacht nehmen und das Lied der Dämmerung. Ich sage, jetzt ist die Zeit, wo die staubigen Füße Gottes zu dem Staub werden, der um ihre häßlichen Formen wirbelt. Wertloser Rost, und Rost muß sein!

Es ist wahrhaftig in den großen Archiven der Akasha-Chronik aufgezeichnet, daß Gott wirklich schafft und der Mensch trennt. Das ist das Leitthema auf der Erde. Der Mensch muß aus seinen zahlreichen Sünden zurückkommen zu dem Einen Gott, denn, daß wir den Vater finden, liegt nicht in der Kompliziertheit. Es liegt in der Einfachheit Ihn zu finden.

Wenn du dienst, erinnere dich daran, daß alles und jeder deiner Mitmenschen göttlich ist. Denke bei jedem, den du triffst, nicht an diesen Mann oder diese Frau oder dieses Kind, sondern daß jeder einzelne, der vor dir steht, der Vater in der Essenz, der ursprüngliche Vater ist. Wenn du auf der Erde alles als Teil des Vaters betrachten würdest - mit dem nötigen Respekt in diesem Grade - dann würden sich die Probleme auf der Erde augenblicklich auflösen.

Und jetzt rufen die zahlreichen Hungrigen der Erde nach einem Errettter, der ihnen wieder einmal die Brotlaibe und Fische gibt, der aus einer kleinen, erbärmlichen Substanz ihren Hunger stillen kann. Sie rufen nun nach den Wassern des Lebens, nach dem Manna der Weisheit. Und ich sage, daß es geschrieben steht - es ist ein Edikt des Höchsten Einen selbst, daß dieses getan werden wird, denn Er hat es angeordnet: Dieses sind meine Kinder; sie müssen in meinen Schoß zurückgeführt werden, und sie müssen mit meiner Substanz gespeist werden.

Wir, die die Erde in unseren Händen halten, sind ihr zur Entwicklung und zur Pflege gegeben worden und daß sie Früchte tragen soll. Wir sehen jetzt, daß die Ernte reich sein wird und daß das Lagerhaus des Vaters gefüllt sein wird für die Auswanderer zu einer neuen Größe des Seins.

Ich will euch eine göttliche Botschaft geben für die unmittelbar bevorstehende Zeit: Füttert die Schafe Gottes! Gebt, wo es verlangt wird! Gebt nicht von eurem früheren Ruhm, sondern gebt ihnen das, was die Seele braucht. Sagt ihnen, daß die Katastrophe kommen wird! Bereitet sie darauf vor. Aber sagt ihnen, daß daraus das größere Licht hervorkommen wird - Sagt ihnen, daß die Katastrophe über die Erde kommen wird, ja; denn die Nacht wird kommen, da kein Mensch arbeiten kann, und die Nacht ist jetzt hier - Katastrophe, Unheil und Verzweiflung. Und die Flutwellen und die Stürme werden alles Alte fortschwemmen und fortblasen. Es war die Brut der Dunkelheit; und es kann von allen Menschen ausgehalten werden, wenn sie wissen, daß darüber das Ende des Regenbogens steht, das goldene Versprechen der Gottheit und Einheit mit dem Vater.

Darum ist es eure Pflicht, ihnen allen diese Botschaft zu überbringen, die eine zweifache Botschaft ist: eine Warnung, um sich auf all das vorzubereiten, was mit den Wellen und Winden einherkommt; und zum zweiten ist es eine Botschaft, daß es jene Wesen gibt, die auf sie aufpassen, die als Geheimboten des Ewigen Einen handeln. Sagt ihnen, daß sie geliebt werden, daß sie geführt werden, wenn sie darum bitten, denn 'bittet, und ihr werdet empfangen; klopfet an, und es wird euch aufgetan."

Sie werden aufgefangen werden und dort sein, wo sich die Adler versammeln. Sie werden, wenn sie wollen, nicht entdeckt werden. Sagt ihnen, daß ihr Vater sie gehört hat. Ihr Vater ist immer gütig und liebevoll zu Seinen Kindern.

Ich bin der, der nur so groß ist wie das kleinste Sandkörnchen auf der Erde und nur so niedrig ist wie die höchste Bergspitze. Ich habe unzählige Existenzen auf diesem geliebten Planeten erlebt, um jetzt die süße Essenz des Lufthauches und die Zedern des Libanon zu kennen, die Espen von Amerika; um die herrlichen, lieblichen Wasser zu fühlen, die sich an die vielen Küsten der Welt schmeicheln; um die Harmonie zu erkennen, wie das wunderbare Pflanzenleben des Planeten auf das Denken des Menschen antwortet.

Auf der Erde sind all die großen Königreiche, die dem Menschen dienen würden, in einem chaotischen Zustand: das Mineralreich, das pflanzliche und das tierische Leben; und zwar, weil das, was als ihr Meister geschaffen wurde, nicht im geringsten ein Meister ist. Das Mineralreich, das pflanzliche und auch das tierische Leben erfährt seinen Gott, seinen Meister, als einen betrunkenen Meister, der in seiner Narrheit vor- und zurückrollt. Darum lehnen sie sich jetzt gegen ihn auf. Aber in andereren Welten gehen sie auf ihren Meister ein und schmeicheln ihm, und das Ergebnis ist eine vibrierende, lebensspendende Essenz, die jenseits des Begriffsvermögens und meiner Beschreibungskraft liegt.

Hat sich der Mensch nicht oft gewünscht, wieder in die Geborgenheit und Wärme der Mutter zurückzugehen? Ich sage, daß das Gleiche auch auf den Vater zutrifft. Der

Mensch auf der Erde weiß, wohin er gehen muß, aber er kann nicht immer den Weg finden. Darum zeigen euch die kommenden Zeiten, die unmittelbar vor euch liegen, alle den Weg zu IHM, denn das soll euer Kennwort des Geistes sein.

Ich habe zu euch gesprochen aus der kleinsten der Schöpfungen auf der Erde und aus der größten: das Große und das Kleine, die in Ihm eins sind. Der Friede aus der gesamten Schöpfung sei mit euch, und auch mein Friede sei mit euch.

Ich habe darum gebeten, noch einmal mit euch sprechen zu dürfen, denn für mich ist die Zeit der großen Einweihung gekommen, und in einem geringeren Sinne, für eure große Einweihung zu einer anderen Bewußtseinsebene.

Es ist lange her, daß ich auf die Erde gerufen wurde, um an den Menschenkindern eine bestimmte Mission zu erfüllen. Und jetzt ist für mich die Zeit gekommen, auf die Venus zurückzukehren, um an ihrer Seite zu sein, da sie in die große Initiation hineingeht.

An diesem Tag stoßen ihre Armeen nachts auf dem Heiligen See von Galiläa zusammen. Es ist der Anfang vom Ende und das Ende des Anfangs, wie es die Alten prophezeit haben, denn heute hat der lange Kampf im unheiligen Heiligen Land einen Apex erreicht, einen Höhepunkt - die Armeen von Ägypten und Syrien und die Armeen von Israel. Dies ist ein bedeutendes Ereignis, wie mein Geliebter Bruder, Meister Kuthumi, euch schon viele Male gesagt hat. Dies ist der Ort, dem man in der Welt Beachtung schenken soll, der Funke, der das Feuer in Brand setzt für das Nahen des Einen, den wir erwarten; und warten wir nicht mit außergewöhnlicher Geduld und Freude auf Ihn, um bei Ihm zu bleiben?

Dies ist die Lektion, die wir alle lernen müssen, nicht nur

Ein großes Gesetz wir müssen geben, um zu empfangen.

einmal, sondern viele Male, sowohl in den Welten von prunkvoller Größe wie auch in Welten, die in ihrer Kultur und Entwicklung verhüllt und dunkel sind. Wie oft haben wir diese Lektion schon gelernt? Und wir werden immer damit fortfahren, sie zu lernen, denn ohne den Wissensdurst, ohne Suchen und ohne die Spannung des Lebens könnte der Mensch nicht existieren. Es gäbe sogar keine Schöpfung. Darum werden wir nie das Ende des Weges erreichen. Wir werden immer suchen. Wenn es nicht Länder oder Menschen sind, die wir suchen, dann werden es Welten sein oder Sonnen oder Systeme oder Galaxien oder Super-Galaxien; und darüberhinaus werden wir Freude in den Lichtbereichen selbt erfahren, und jeder fügt seine eigene Schwingung und sein eigenes Licht hinzu.

Eines der großen Gesetze lautet, wir müssen geben, um etwas zu empfangen - wie das riesige Wasserbecken: Es kann die himmlischen Regen so lange empfangen, bis es voll ist, anschwillt und überläuft, aber es muß überlaufen und dem ausgetrockneten Boden unter ihm von seinem Überfluß abgeben. Wenn es dies nicht tut, wird es platzen und kann nichts mehr aufnehmen. Doch wenn es von seinem Überfluß abgibt, wird es bei den nächsten Regengüssen vom Himmel wieder angefüllt und davon abgeben, denn die hungrige Erde nimmt begierig jeden Tropfen auf und wartet auf das große Wasserschiff, das von seinem Überfluß abgibt.

Vor langer Zeit wurde angeordnet, daß ich auf die Erde kommen sollte, um unsere Älteren Brüder, die dieses System regieren, zu unterstützen und um all unseren Brüdern und Schwestern auf dem Planeten Erde zu helfen. Aber ich muß zu einer bestimmten Zeit wieder auf meine eigene Venus zurückkehren, zu dem Planeten, der meinem Schutz anvertraut worden ist. Darum mußte ich das an meine Erdenkinder abgeben, was immer ich im Überfluß hatte. Jetzt, wo ich dies getan habe - und ich sage dies ohne jegliches Gefühl der Überheblichkeit - und diese Aufgabe erfüllt habe, jetzt werde ich die neueren Regen

empfangen, die kommen werden. Nur die Schiffe, die gegeben haben, empfangen etwas vom neuen Regen. So ist es durch viele Jahrtausende hindurch ein Prozeß in unserer Entwicklung. Wir geben und wir empfangen; aber jedesmal wird das, was wir erhalten, mehr sein. Das Wasserschiff ist keine stationäre, gleichbleibende Angelegenheit. Es wird immer größer, immer wohlgeformter, immer perfekter in den Augen des Vaters.
Aus einem groben Lehmschiff wird es zu einem Schiff wie ein Stein aus feingeschliffenem Kristall. Unser gesamtes Sonnensystem geht nun in die große Einweihung hinein, denn es ist wahr, daß wir uns jetzt direkt auf die Super-Sonne zu bewegen, die unsere Galaxie beherrscht, und um die sich beständig unzählige Insel-Universen bewegen und existieren. Unser System bewegt sich in die Richtung des Zentrums dieser Aktivität, und dieser wachsende Schwingungsanteil wird grundlegend alles in unserem System beeinflussen, sei es nun mental, physisch oder geistig; es wird auf keinen Fall der Veränderung in der neuen, kommenden Energie-Schwingung entkommen. Wir sind jetzt an der Grenze dieser großen Initiation, wir bewegen uns immer näher in ihr Zentrum und ihre Erfüllung.

Darum will ich in dieser Zeit bei der Venus sein, und darum wird Christus auf die Erde zurückkommen: denn der große Meister eines Solarsystems inkarniert sich immer auf dem Planeten, der am niedrigsten in diesem System entwickelt ist, und auch, weil Christus der Geist der Erde ist, welche Position Er in Seiner Inkarnation als Lehrer Buddha erreichte. Buddha war für die Erde, aber der Christus ist für das System.

Laßt uns als Beispiel zwei Männer nehmen. Beide haben ihre gleichen Irrtümer bis in alle Einzelheiten genau einem Ausschuß zur Beurteilung übergeben. Jeder von ihnen hat das Gleiche getan. Aber können wir jeden von ihnen gleich beurteilen? Nein. Aber laßt uns die Ursache der Dinge betrachten. Auf der Erde sieht der Mensch nur die Auswirkungen und nicht die Ursache. Wenn er einmal in das Herz der Dinge hineinsieht, wird er feststellen, daß es das Herz des Vaters selbst ist, und von dort gehen alle Strahlen der Schöpfung aus Ihm hervor. Das wird der Mensch niemals herausfinden, wenn er die Strahlen für sich allein betrachtet. Er kann es nicht von der Auswirkung zur Ursache hin verfolgen, es muß in umgekehrter Reihenfolge sein, von der Ursache zur Wirkung. Darum laßt uns nicht die Auswirkungen betrachten, das heißt, was jeder Mensch getan hat, sondern laßt uns den Ursprung sehen.

Nehmen wir einen Mann. Wir meinen, daß er etwas Bestimmtes getan hat unter Mißachtung des Gesetzes. Der andere Mann besitzt die Kenntnis des Gesetzes. In eurer Welt sagt ihr, daß Unwissenheit des Gesetzes keine Entschuldigung ist, doch in den Augen des Vaters ist Unwissenheit des Gesetzes eine Entschuldigung. Doch wenn wir einmal das Gesetz kennen, und dann straucheln und Fehler machen, dann befinden wir uns tatsächlich in einer anderen Kategorie als jene, die durch Ignoranz die gleiche Tat vollbrachten. Ihr seht, die Sünde oder der Irrtum besteht nicht darin, in das Loch im Boden hineinzugehen, sondern der Fehler liegt darin, ein zweites Mal hineinzugehen, wenn wir einmal wissen, daß es nicht gut war.

Das Beispiel·gebe ich euch aus diesem Grunde, um euch den gegenwärtigen Stand der Erde zu zeigen. Die Erde hat viele Zivilisastionen durchgemacht, und wenn eine von ihnen in den bodenlosen Abgrund gefallen ist, wächst der Mensch in seiner kulturellen Entwicklung wieder heran und baut wieder eine neue herrliche Zivilisation auf, mit großer Wissenschaft und technischem Fortschritt. Und wieder fällt die Zivilisation in den bodenlosen Abgrund. Das ist der Fehler oder der Irrtum auf der Erde, denn auf der Venus hat es niemals die Zerstörung einer Zivilisation gegeben. Auf dem Planeten, den ihr als Mars kennt, ist sie zweimal eingetreten. Doch wie viele hundert Male hat sie schon auf der Erde stattgefunden! Der Mensch muß lernen, das Wissen, das er einmal erlangt hat, auch anzuwenden. Ihr seid jetzt in dem Prozeß, eure physischen Formen zu entwickeln. Wenn ihr sie entwickelt und erlangt habt, aber das nicht anwendet, was ihr dabei gelernt habt, werdet ihr es bald wieder verlieren. Es ist eine Tatsache, daß ihr wahrscheinlich in einer schlechteren Verfassung sein werdet als vorher.

Darum muß der Mensch auf der Erde lernen, sein Wissen in konstruktiven Kanälen anzuwenden. Und darum, wenn wir einmal um etwas gebeten haben (denn der Vater hat gesagt, wenn wir bitten, werden wir erhalten) -wenn wir gegeben haben und empfangen haben, ist es Gesetz, auch das anzuwenden, was wir erhalten haben, und dann müssen wir das weitergeben, was wir bekommen haben. Ich habe viel erhalten während meiner Ratgeberzeit auf der Erde, was ich nun mir selbst gebe, meinem Heim und meinen Leuten. Aber die Erde wird meinem Herzen immer sehr nahe stehen.

Und jetzt treten wir in die große Periode der Initiation ein. Die Himmel der Erde werden phantastisch werden. Durch die vielen Prophezeiungen, die euch durch andere Menschen auf der ganzen Welt erreicht haben, fühlt ihr, daß ihr einen Einblick habt in das, was an die alte Stelle treten wird. Und ich sage wahrhaftig, daß weder eine Feder das wiedergegeben noch eine Stimme das je verkündet hat, was zu einem großen Zeichen und einer großen Darbietung in den Himmeln der Erde werden wird, denn die Elemente selbst werden für eine kurze Zeitperiode die Kontrolle haben. Es wird große Regenstürme und Fluten geben. Ihr habt gehört, wie es Vierzig Tage und Nächte geregnet hat. Das ist nichts im Vergleich mit dem, was es regnen wird. Vielleicht werden es vierzig Monate sein. Die ganze Oberfläche der Erde wird sich verändern. Sie wird nicht mehr wiederzuerkennen sein.

Eigenartige Kreaturen werden aus den Tiefen der Meere

erscheinen, zur Verwunderung und Verwirrung des Menschen; Kreaturen, die um vieles größer sind als die größten Ozeandampfer. Es wird Plagen und Hungersnöte geben, und unbekannte wilde Tiere und Kreaturen werden erscheinen.

Die Erde ist nicht mehr weit davon entfernt, eine 'Sonne' zu werden - nicht wie die Sonne eures Systems - sondern sie wird von einer goldenen Corona umgeben sein. Sie schreitet in einen höheren Schwingungszustand. Sie wird eine 'Sonne' werden, aber sie ist eurem astronomischen System nicht bekannt, weil sie niemals von euren Astronomen gesehen worden ist. Ihr geht von einer dreidimensionalen in eine vierdimensionale Welt. Dies muß notwendigerweise eintreten, wenn ihr durch das Herz der großen kosmischen Wolke schreitet. Und dann werden die Prophezeiungen von Johannes und vielen anderen sich bewahrheiten; Wenn die Sonne blutrot wird und der Mond so rot wie ein Rubin, und der Tag gehen wird, und es für einen Zeitraum von zwei Wochen dunkel auf der Erde sein wird. Es wird viel Verwirrung geben. Und der Sauerstoff auf der Erde wird für kurze Zeit reduziert werden, gefolgt von Perioden großer Feuchtigkeit, glühender Hitze und ausgedörrten Gebieten, abwechselnd mit großer Feuchtigkeit. Fast alles auf der Oberlfäche der Erde wird zerstört werden.

Wann wird diese Zeit kommen? Wir sind jetzt in ihr. Mit jedem Tag wächst sie und wird intensiver. Es werden mehr Raumschiffe als ihr in der Luft habt, herunterkommen. Jeden Tag hört ihr davon. Mehr Tornados! Mehr Überschwemmungen! Die Polspitzen schmelzen mit jedem Tag mehr! Der Wasserspiegel steigt! Zunehmende Erdbeben! Die Regierungen der Welt sind in Panikstimmung, wenn sie es auch nach außen hin nicht zeigen. Nutzbringende Bakterien auf der Erde, von denen ihr abhängig seid, sterben in zunehmendem Maße, so daß der Körper immer mehr den schädlichen Einflüssen ausgesetzt wird.

Alles würde, von heute an gerechnet, in zwei Jahren aufhören - alles würde tod sein, wenn es nicht dafür wäre, daß einige fähig sein werden, ihre Schwingung auf die neue Ebene anzuheben. Aber wenn ihr all das seht, was vor euren Augen zerfällt und stirbt, erinnert euch, daß alles neu gemacht werden wird. Frohlocket, daß ihr diese Dinge seht, denn es ist eure Errettung, die naht, und nicht euer Untergang.

Und darum müßt ihr euren Mitmenschen sagen, daß die Katastrophe kommen wird, aber daß sie eure Rettung ist. Frohlocket, denn das Alte geht vorüber! Wenn der Mensch sich von dem Alten lösen kann, dann wird er einen Lichtblick von dem glanzvolleren Neuen erhaschen. Diejenigen, die das Alte nicht loslassen können, müssen wieder von vorne anfangen. Sie werden ihre seelische Entwicklung um mehrere Millionen Jahre zurückversetzen, und werden wieder einmal durch verschiedene Formen der Höhlenmenschen gehen müssen für Tausende von Jahren oder sogar Millionen, bis sie sich wieder zu dem gleichen Stand entwickelt haben. Und dann werden sie wieder die Möglichkeit haben, das Neue zu akzeptieren - und wenn sie es nicht akzeptieren können, werden sie wieder Millionen Jahre zurückgehen müssen.

Dies ist kein Rückschritt, wenn es auch so erscheinen mag. Es ist ein Rückschritt auf der physischen Ebene, doch es ist ein Fortschritt vom Standpunkt der spirituellen Entwicklung aus, denn in dem Reich des Vaters gibt es keinen Rückschritt - nur kontinuierlich sich ausdehnende Größe und Erhabenheit. Lasset uns selbst für würdig befinden, durch die große Einweihung zu gehen! Denn ob ein Wesen oder ein Mensch oder ein Geist oder eine Seeleneinheit einen Planeten beherrscht oder ein Sonnensystem oder nur seine eigene kleine Familie, weiß er doch niemals, ob er das 'Feuer' bestehen wird, die Prüfung des Feuers einer großen Einweihung.

Wendet das an, was ihr gelernt habt und gebt freundlich

von dem, was ihr empfangen habt. Wenn ihr reist und euch unterhaltet in den Zeiten, die jedem von uns vorbestimmt sind, macht euch keine Gedanken darüber, was ihr mitnehmen sollt oder was in eurem Geldbeutel sein wird oder was ihr anziehen sollt. Denkt nicht an diese Dinge, denn der Vater wird es euch besorgen. Akzeptiert dies, und es wird für euch getan werden, denn ihr habt wahrlich ein Vertrauen **und** eine Mission angenommen, und der Vater wird euch aus Seinem überreichen Lagerhaus beliefern, in dem **ihr** recht dient.

Dies ist die Zeit des Gebens und der Verwendung. Und das ist genau das, was ich selbst jetzt zu tun gedenke. Dieser Trompetenschall oder dieser Befehl wird nicht nur euch allein gegeben, sondern er ist der Befehl des Tages, da wir in diese neue Phase für den Planeten Erde eintreten, und tatsächlich für unser ganzes System.

Arbeitet, denn die Nacht kommt in Kürze, da niemand mehr arbeiten kann! Arbeitet, die Nacht kommt! (wörtlich und konkret!) Der Mensch fragt:'Wir wissen nicht, was wir glauben sollen. Einige sagen, die Katastrophe wird über uns kommen. Sie behaupten, das Ende der Welt sei da. Andere behaupten: Habt keine Angst; durch unsere eigene wirtschaftliche und wissenschaftliche Entwicklung können wir - die wir die Meister der Schöpfung sind - dies oder jenes tun.' Der Mensch ist auf der Suche. Sein Herz ist hungriger als jemals zuvor, denn er fühlt die neuen Schwingungen.

Ist es nicht wahr, daß ein hungriger Mensch noch mehr Hunger verspürt, wenn er Essen riecht? Sogar Christus wurde in der Wüste versucht, als Er fastete, und ist nicht ein fastender Mensch noch empfänglicher für die Versuchung wohlschmeckender Leckerbissen? Der Mensch riecht diese Nahrung, diese neuen Schwingungen, und er wird immer hungriger. Sie haben seinen Appetit nach geistigen Dingen angeregt. Darum, wenn er euch verwirrt, fragt:'Bruder, wo finde ich das größte Mahl, das mir die

meiste Befriedigung für die Entwicklung meines Geistes gibt?' dann sollt ihr sagen:'Ja, diejenigen, die behaupten, daß die Katastrophe kommt, sind wahrhaftig; sie sprechen die Wahrheit; aber die Erde wird nicht untergehen! Sie wird neu werden, so wie es geschrieben steht. Es bedeutet nicht, daß die Welt untergeht. Es wird gesagt, daß es 'einen neuen Himmel und eine neue Erde geben wird', nicht eine neue Erde durch die Zerstörung der alten, sondern eine neue Erde - die alte neugemacht!" So sagt ihnen die Worte, mit denen die Älteren Brüder euch wünschen, Seine Herde zu füttern. Es ist der Wille des Vaters. Die Katastrophe kommt, damit der Mensch aus der Erfahrung lernen kann. Aber nur die Großen und Schönen und Guten werden das Erbe davon sein. Wie der Phönix aus der Asche wird die Menschheit unter ihrer eigenen goldenen Herrlichkeit daraus emporsteigen.
Wie oft schauen wir auf die Erde und wissen beim Betrachten jeder kleinen und erbärmlichen Schöpfung, daß hier ein Gott steht, wenn er es nur bemerken würde und seine Gottheit anwenden würde. Denn ein wahrer Gott sitzt nicht tatenlos auf einem Thron, während die Massen in Verehrung vor ihn treten. Das ist nicht Gottheit, wie einige auf der Erde es denken mögen, sondern Gottheit ist Inthronisation, ja, aber ein Gott der Tat, der in jedes einzelne Wesen seiner Schöpfung eintritt, sie mit Leben und Majestät und Größe erfüllt.

Gott wünscht, daß der Mensch - der Mensch, den Er geschaffen hat - über Seine himmlischen Welten regiert. Er wünscht sich von jedem einzelnen Menschen, daß er die Verantwortung für Seine Welten übernimmt. Erkennt in jedem Einzelnen eurer Mitmenschen, der euch während des Alltags begegnet, einen potentiellen Gott. Denn eines Tages wird jeder Einzelne, ganz gleich, ob er in euren Besserungsanstalten ist oder durch die Schlinge des Henkers, eines Tages wird diese Seele einen Planeten regieren und dann ein System und dann eine Galaxie. Wir sind alle auf dem Weg zu diesem Vermächtnis.

Und der Trompetenschall sagt:'Komm nach Hause, Erde!' so wie ich gesagt habe. 'Komm heim in die Leere unserer Wesen!'Wenn jeder Mensch die Liebe und Freundschaft eines anderen fühlen kann, dann wird der Löwe zusammen mit dem Lamm liegen, so wie es geschrieben steht. Denn wir sind alle Teil des Einen Ewigen Geistes, und um in diesen Geist zurückzukehren, müssen wir alle unseren Geist vereinigen.

Werdet nicht müde von der Alltagsroutine. Haltet euch immer das Ziel vor Augen, nicht das Unendliche Ziel - denn das gibt es nicht - aber haltet an dem Ziel des Augenblicks fest, das in gewissem Sinne ein Unendliches Ziel sein kann. Haltet es immer vor euch wie eine große strahlende Sonne. Wendet euer Gesicht weder von ihrem Glanz noch von ihrer Wärme. Bleibt in ihr. Laßt sie euch einhüllen in ihre Wärme. Geht dorthin, wohin euch der Vater führen wird. Tut das, was der Vater für euer Bestes hält. Denn dies ist die Zeit, für die ihr unzählige Male gestorben seid, für die ihr gekreuzigt worden seid, ob ihr nun ein einfacher Mensch wart oder ein Mensch auf einem Thron. Nehmt nun euren erlangten Grad an und bereitet euch auf die große Einweihung vor.

ERZENGEL MICHAEL

Ave! Ave! Erkennt, daß ihr niemals alleine seid, daß es unmöglich für euch wäre, allein zu sein. Ihr gehört für immer zu der Bruderschaft des Dienstes.

Die Wesen mit dem Goldenen Helm umhüllen immer mehr die Erde, da wir in die große Einweihung eintreten. Wir tauchen tiefer in das ein, was unsere Zerstörung sein wird - und doch wird es unsere Erlösung sein, genau wie bei Ihm, der zum Kreuze des Leidens ging. Es war Seine Zerstörung - und doch war es Seine Glorreiche Verklärung.
Möget ihr des Kreuzes würdig sein!

JOSEPH VON ARIMATHEA

Ich grüße euch im Lichte des Kreuzes. Hier ist dein Bruder Joseph. Ich schließe mich den Worten unseres Lehrers Sanat Kumaras an, der uns jetzt verläßt. Und doch wissen wir von seinem Geist und seiner Substanz. Aus diesem Grunde kann er niemals vollständig von uns gegangen sein.

Aber ich möchte euch sagen: Der Gral, erinnert euch an den GRAL. Er scheint und leuchtet und winkt, obwohl es für euch schon viele Jahrhunderte zurückliegt, wo wir ihn in unseren Händen hielten. Er ist das Symbol, die kleine Tonschale, die die Erde symbolisiert und die in Kürze gefüllt werden wird bis zum Überlaufen, nicht mit Blut, sondern mit dem Manna des Vaters, dem Manna der wahren kosmischen Weisheit und des Verstehens.

Ihr Geliebten, empfangt, verwendet und gebt freiwillig. Und bald werden wir beisammen stehen und den Gral

sehen, wie er im Firmament auf die Erde zurückkommt. So sei es!

ERZENGEL URIEL

Bevor der Mensch aus seiner Erinnerung diese Geschichte nacherzählen konnte, waren wir Wesen, die den sterblichen Menschen als Erzengel bekannt sind, der einzige lebende Gedanke in einem bestimmten unbegrenzten Teil des Vaterreiches. Er reiste umher wie die Legionen Caesars, aber ohne Stein- oder Stahlwaffe, sondern mit der Wahrheit als einem doppelschneidigem Schwert. Nur die Wahrheit konnte in diesem weiten Ozean existieren, den ihr gerne das All oder den Raum nennt. Aber es ist kein Raum. Es ist ein atmendes, lebendes Geschöpf von solcher Schönheit und Pracht, daß der sterbliche Mensch aufhören würde, in Form und Gedanke zu existieren, wenn er es sehen könnte.

Wir wurden aus dieser Göttlichen Ausstrahlung aufgerufen, weil wir um Dienst und Substanz dieser Göttlichkeit wissen mußten. Wir kamen nicht auf einen Trompetenschall hin, sondern damit in dieser Leere in Kürze Welten und Millionen der Göttlichen Schöpfung erscheinen würden. Sogenannte Engelscharen aus weit entfernten Welten, Galaxien, Systemen und Himmeln bewegten sich immer und stetig vorwärts, innen und außen, reinigend und klärend, mit Wellen von violettem Nebel und purpurroten Wolken.

Einmal sahen wir einen großen, spiralförmig gewundenen Feuerball, der sich in seiner elliptischen Umlaufbahn drehte und endlich in einer bestimmten Position stillstand, jenseits des Himmelskörpers, der euch als Sonne bekannt ist. Aber dies war ein Eindringling, eine eindringende Welt, die die Sonne umgab, denn unter der grellen Corona dieses Himmelskörpers existiert unsere Welt. Wir schauen nicht in das Blaue des Himmels, sondern in das Gold der Sonne und in den strahlenden Glanz von Gold. Unter dem Licht der Sonne gibt es mehr Wirklichkeit als unter dem Blau des Himmels, in dem die planetarischen Welten existieren und ihre Bewegungen kennen.

Wir hatten das Leben auf der Sonne schon lange bevor die Welten entstanden kennengelernt. Dann wurde die Erde - eines der neuesten Mitglieder dieses Systems - als zwölfter Planet hinzugefügt, als letzte dieser Welten. Dieses Kind Erde kam dazu wie damals auch Judas Ischariot als Zwölfter hinzukam. Diese Welten kamen nicht gemäß ihrer Position zu oder von der Sonne hinzu.

Und nach unzähligen Jahren beobachten wir, wie dieser rote Feuerball mit abnehmendem Feuer erst schwarz wurde und dann braun während der großen Regenzeiten; es regnete Millionen von Jahren. Schließlich wurde der Planet grün und brachte alle Arten von Leibern und fliegenden Geschöpfen hervor; und die Geschöpfe aus der Tiefe brachten neue aus ihrer eigenen Art hervor; und die Erde war bereit, den Samen des Menschen zu empfangen - Engel-Menschen. Wir haben diesen Vorgang über unzählige Millionen Jahre hin beobachtet.
Und jetzt, fern von der Vergangenheit, erschallt der Klang einer silbernen Trompete. Als der Geliebte Meister, der der Herr dieses Sonnensystems ist, auf die Erde kam, jauchzten die himmlischen Heerscharen, so wie es geschrieben steht, sie jauchzten in der Nacht der Ankunft. Und oben war das Zeichen dieser Nacht: der **blau-weiße** Stern, der erschien und die Erde mit seinem Glanze und seiner Liebe umarmte. Dieser Stern waren die Engelscharen der Ferne.

Oh, du Mensch auf der Erde! Du sprichst von den Dingen im Himmel, doch du verstehst noch nicht einmal die Dinge auf der Erde. Tatsächlich ist der Himmel überall um euch herum! Ihr müßt nur einmal von eurer täglichen Routine aufsehen, von euren täglichen Sorgen und eurem Eigensinn und eurem Verlangen und eurer Gier, um zu erkennen, daß der Himmel überall um euch herum ist in ewig großer Ausdehnung.

Und wenn wir jetzt an all die Dinge denken, nach all dieser Zeit und den Millionen Jahren des Regens, ist die Zeit, die der Mensch auf der Erde ist, nur ein kleiner Augenblick. Und wieder wird der Regen kommen und alles reinigen, die Regen, von denen geschrieben steht, daß sie die 'letzten Regen' sein werden - aber zuerst kommen die Winde. Indem ich durch die Stadien dieses Planeten zurückgehe zu seiner frühesten Verfassung ohne ursprüngliche und kosmische Materie, und wenn die Erde ihren Sinn erfüllt hat, sage ich wirklich, daß sie sich in Gedanke auflöst. Sie wird wieder zu den Elementen, aus denen sie hervorging. Und der Mensch bewegt sich immer weiter zu größeren Lektionen des Geistes, da er immer mehr dahin kommt, sich selbst kennenzulernen.

Der Mensch sieht seinen großen Kummer und versteht ihn nicht; nur durch die Liebe allein konnte das Herz eines Caesars gerührt werden und der Siegel der Wahrheit in sein Herz gedrückt werden. Durch all die Jahre hindurch hat sich die Liebe selbst ihre eigenen Wunder geschmiedet, und das hungernde Herz der Menschheit ist jetzt offener als jemals zuvor.

Die hungernden Herzen der Welt rufen nach der Wahrheit, denn sie haben an allem anderen Not gelitten. Ihnen wurden strenge Disziplinen gegeben, viele Religionen und eine materialistische Wissenschaft, aber das menschliche Herz hat auf all diese Disziplinen nicht reagiert. Und darin haben sie ihre große Lektion gelernt, denn jetzt wissen sie, daß nur die Emanationen Gottes ihren Hunger stillen werden, und sie suchen wieder das heilige Manna des Himmels. Ich sage, daß das Manna wirklich kommen wird, und es wird von allen Menschen gesehen werden.

Hoch oben in den offenen Himmeln eilen die Scharen nun herunter zu euch. Es ist wirklich wahr von ihnen geschrieben worden: Sie schlafen weder noch schlummern sie. 'Der Riegel ihrer Schuhe ist nicht entzwei.' Ihre Wagen sausen wie der Wirbelwind; ihre Schwerter sind geschärft für die Ernte; und die Leute schreien gegen sie an wie ein Gebrüll von vielen Löwen. Seht, es ist Dunkelheit und Betrübnis auf dem Land.

So oft wird ein Sterblicher von den Alltagsdingen so gefesselt sein, bis alle seine Energien aufgebraucht und ihrer Stärke beraubt worden sind, und das nur wegen der Nutzlosigkeit jeden Tages und wegen der vielen Sackgassen. Laßt uns nun ein paar Augenblicke eines jeden Tages herausnehmen und die Vision sehen, die sehr bald das Königreich der Erscheinungen und Phantasien und der Illusionen verlassen und auf uns herunterkommen wird, um unter uns zu wohnen; und es wird Wirklichkeit werden, und wir können ihre große Substanz fühlen. Denn haben wir nicht unzählige Millionen Jahre gedient, in vielen Ländern, unter vielen Namen, in vielen Rassen? Wir haben von den Früchten vieler Menschen aller Arten gekostet. Wir könnten jeden einzelnen Lebensabschnitt nacherzählen. Wenn wir auch nur erzählen und alles ins Gedächtnis zurückrufen könnten - jede einzelne Hand, die sich in Liebe auf unsere fiebernde Stirn legte, jeder starke Arm eines jungen Mannes, der uns in unserem Unglück und Leid gestützt hat, das freundliche Wort des lieben Nachbarn oder der Frau.

Wir wollen uns an die Liebe erinnern, die wir durch unzählige Leben hindurch erlebt haben. Diese Dinge sind unvergänglich. Sie existieren für immer in der Zeit. All diese Dinge existieren noch zu gegebener Zeit, denn Liebe verewigt sich selbst und stirbt niemals. Nur der Haß erschöpft sich selbst in Wut wie der unkontrollierte Strudel.

Ihr Lieben, zu dieser Zeit senden wir euch den Strahl und die Schwingung unseres geliebten Meister-Lehrers. Vergeßt eure Umgebung. Vergeßt euch selbst. Laßt euren Geist in der Leere treiben, da ihr doch in der Hand des

Schöpfers seid.

Ich sage, daß der Christus niemals seinen Anhängern und seinen Dienern oben und unten näher gewesen ist. Könnt ihr, mit begrenzter Sterblichkeit, versuchen, das Bild zusammenzusetzen von dem Anfang, da ihr auf die Erde kamt bis jetzt, oder könnt ihr es als ein großes Bild und als Dienst erfassen? Hört nun ruhig der leisen, bescheidenen Stimme zu.

Es ist mein Privileg, euch diese Seine Worte zu übermitteln. Vernehmt meine Stimme in der Süße des Schlafes, wie sie ihren Weg zu euch mit Flügeln versieht wie die weiße Taube der Erlösung. Hört zu! Seid wachsam und wartet! Denn das Königreich, von dem wir sprachen, kommt jetzt auf die Erde. Seit wir predigten und dienten, haben es die Meister wahrlich gesagt, daß das Königtum in greifbarer Nähe ist. Geliebte, das Königreich ist jetzt da. Laßt uns selbst zum lebendigen Teil Seines Wesens werden!

ERZENGEL MICHAEL

Ave sheoi!
Wenn ihr nur die Herrlichkeit erkennen könntet, die größer ist als das schöpferische Licht und das himmlische Frohlocken! Denn als die Wesen mit dem Goldenen Helm - die immer um die Erde herumschweben - wissen wir, daß jetzt für den Menschen, der auf den Berg steigt und in das nächtliche Licht der Sterne aufschaut, die Zeit ist, wo der Tag der großen Verkündigung in jedes Herz kommen wird.

Der Tag der großen Wirkung, der schon prophezeit worden ist, steht in eurem Fall nahe bevor. Ihr müßt euch nun mit der vollen Rüstung bekleiden, so wie ihr euch die ganze vergangene Zeit gezügelt habt. Fürchtet euch nicht vor dem hellen Glanz der Rüstung, denn sie ist euer Schlüssel zur höheren Wirklichkeit. Sie ist euer Kennwort; sie ist euer Schutz in allen Zeiten. Nur durch ihre Pracht werdet ihr als Menschen bekannt werden.

Verbringt mehr Zeit mit dem Zuhören der Worte eures Göttlichen Vaters, Einer, der im Plural sprechen wird und sagen wird:'Dies sind meine geliebten Söhne, an denen ich mein Wohlgefallen habe.'
Die vierundzwanzig Älteren, sitzen um den Thron und warten auf euch, um euch in Empfang zu nehmen. Ihr geht jetzt in eine Zeit, wo es von großer Wichtigkeit ist, daß ihr alles aussprecht, damit viele Seelen in ihren Endzustand der Entwicklung hochgehoben werden können. Schon bald werden alle Geheimnisse im Lichte des neuen Tages enthüllt werden, wo nichts Verstecktes und Verhülltes mehr bestehen kann und nichts Dunkles dem Licht ausgesetzt werden wird. Einige werden vergehen und verderben; andere werden vorwärtsspringen als Antwort auf die neue Energie. Alles wird sich in seiner wahren Form und in seinem wahren Zustand zeigen.

Ich kann nicht lange sprechen, denn mein Licht nimmt ab. Mein Strahl, den ich euch anbot, zieht sich nun zurück in seinen Ursprung. Aber wir sprechen weder in Rätseln noch in beschönigender Sprache, nur um eine schöne Rede zu halten. Es liegt eine Bedeutung darin. Beachtet dies gut und laßt all eure Bemühungen darauf gerichtet sein.

Der Mensch hat nun die Summe seiner Schöpfung und Perfektion auf der Erde erreicht. Sie hat ihrem jahrelangen Zweck gedient, und jetzt steht der Mensch auf der Spitze des Berges. Der Mensch auf der Erde ist als Gott auf den Thron gesetzt worden und bemerkt noch nicht einmal seine eigene Göttlichkeit!

Hört die Legionen, die immer weiter fortschreiten - nicht die des Schwarzen Drachen oder die der Schwarzen Horden aus dem All. Hört auf die Legionen des Lichts, die euer Wissen durchdringen.

Es wird ein großes, blendendes Licht kommen und ein Donnerkrachen geben. Dann wird der Mensch nackt vor seinem Schöpfer stehen und wird erkennen, denn die ganze Geschichte wurde nur gelebt und aufgeschrieben, damit der Mensch erkenne. Der Mensch hat die Höhen und Tiefen seiner Erdenerfahrungen ermessen, um die Gottheit der Erkenntnis zu erlangen. Und aus dem Donnerrollen und Staub seiner Vergangenheit wird er seine eigene Stimme hören.

Bald nach dem Tag der großen Verkündigung werden viele die Stimme hören und bezeugen können, die zu ihnen spricht, die Stimme, die anschwillt wie tausend Engelstimmen, und doch nur eine ist, die sagt:'Komm heim, Erde! Komm heim! Komm heim!'

ERZENGEL RAPHAEL

Rama Eloi, Eloi Rama!

Erinnert euch, wenn die neuen Schwingungen hereinkommen wie eine Flutwelle spiritueller Wahrheit - und wenn ich Flutwelle sage, dann meine ich die Bezeichnung wörtlich und konkret, mental und geistig - erinnert euch daran, daß die großen Winde des Schöpfers euch umarmen; das Gras sehnt sich danach, mit euren Füßen zu spielen und der Wind mit eurem Haar.

Ich meine, jetzt sollt ihr ungeniert wie die Flamme vor dem Altar stehen, der E R ist, unser Leben. Das Goldene Buch ist nun geöffnet, das Siegel gebrochen und wird niemals wieder erneuert werden; und in dem Goldenen Buch sind nur einige wenige Namen verzeichnet. Die Erde ist der dunkelrote Stern der Schöpfung.

Ihr könnt euch keine Vorstellung von dem machen, was in den Himmeln gesehen werden wird. Große geistige Manifestationen! Die ganze Welt wird auf den Knien liegen! Der Berg wird auf diejenigen fallen, die Zuflucht suchen - auf jene, die nach dem Leben ihres Bruders trachteten - vor der alles beobachtenden Armee der goldenen Horde, den Scharen der goldenen Wagen und goldenen Flügel. Ich füge das doppel-schneidige, goldene Schwert hinzu; es ist das Schwert der Wahrheit, das aus dem Munde des Vaters ausstrahlt. Es wird in seinem Urteil nicht fehlschlagen!

ERZENGEL MICHAEL

Aus dieser Sphäre des Lebens strahlt nun ein goldener Nebel aus, der eure Welt umschließen wird, so wie aus dieser Sphäre heraus für unzählige Millionen Jahre eure Welt in den Goldenen Glanz eingeschlossen wurde, die ihr Hitze und Licht gebracht hat, die symbolisch für die Göttliche Liebe und Weisheit des Vaters stehen. Hitze und Licht, um das physische Wesen des Menschen zu erwärmen und ihm die Flamme des spirituellen Lebens zu geben. Denn es ist die Affinität zwischen dieser Sphäre und eurer, die das Leben ausmacht, und es euch ermöglicht, nach der Wahrheit zu suchen.

Aus dieser Sphäre heraus versammeln sich nun die mit dem Goldenen Helm, die jetzt in eure Welt kommen; die Versammelten unseres Unendlichen Vaters aus dem ganzen Kosmos, die Versammelten des Bogens am Himmel. Bald wird es einen Regen am Himmel geben, der niemals vorher am Himmel der Erde gesehen worden ist, ein Bogen von herrlicher Farbe, aus dem Musik strömt, die alle Ohren der Menschen erreichen wird, und sie werden einen Ruf vernehmen; sie werden eine Liebe erkennen; sie werden eine Aufgabe erkennen. Aus diesem Bogen der Schönheit, diesem Bogen der Aufgabe, der für sich selbst spricht, werden als erstes in einer großen violetten Strahlung über die ganze Welt die Golden Behelmten unserer Sphäre erscheinen, die niemals vorher so nahe auf die Erde gekommen sind. Nur in vergangenen Zeiten erschienen sie in einigen sehr wenigen Fällen auf der Erde für ganz besondere Aufgaben des Unendlichen Vaters. Und ihnen wurde der Titel der Erzengel verliehen, der spirituellen Botschafter, die über den Engeln oder Botschaftern stehen; sie sind die Ratgeber der Botschafter.

Jetzt kommen sie zur endgültigen Versammlung der goldenen Wagen, wenn sie sich versammeln werden, um die letzten Überreste der irdischen Dunkelheit zu besiegen. Und über die ganze Welt wird sich eine goldene Glut manifestieren, und wenn sie sich erhebt, werden die Verbleibenden wahrhaftig erkennen, daß sie ihres Bruders Hüter sind.

Dies ist unser Teil an dieser Aufgabe, denn es wird nicht mehr lange dauern, wo selbst diese Sphäre nicht länger von Nutzen sein wird. Und dies ist immer die Arbeit derjenigen, die im wahren Zentrum ihres Sonnensystems und unter der goldenen Corona des Lichts leben. Der Mensch hat schon immer zu diesem großen Himmelskörper aufgeschaut als seinem wirklichen Leben, und das mit Recht.

Oh, du Mensch auf der Erde! Erwache zu diesen neuen Saitenklängen, die keine vergangenen Akkorde sind. Tatsächlich sins sie niemals verklungen! Sie blieben immer erhalten - die fünfsaitige Laute, die der Mensch auf der Erde spielen wollte, und doch ihre Musik nicht verstand.

Jetzt gibt es einen neuen Ton, eine Note, die wirklich ist - nicht übernatürlich - sondern voll Begeisterung für die Menschen auf der Erde, die sich selbst Federn und Wachs anlegen wollen, um mit ihren Flügeln zu dem großen Sonnenkörper fliegen zu können. Denn in dieser Sage des jungen Mannes, der auf die Sonne fliegen wollte - und doch schmolzen seine Flügel - liegt die Wahrheit verborgen, nämlich, daß der Mensch sich wünschte, zu dem großen Körper zu fliegen, der ihm das Leben gab, denn er glaubte, daß er sich selbst und das ewige Geheimnis der Geheimnisse in ihm finden würde. Denn die alten Weisen eurer Welt glaubten nicht daran, daß dieser Sonnenkörper aus großer Hitze und Flammen besteht; sie verstanden seine wahre Bedeutung als Zentrum und Lebensspender dieses Systems.

Jetzt befindet sich dieser Körper in hohem Alter, da auch himmlische Körper altern. Er existiert seit 15 Billionen Jahren. Er wird nun sterben und kündigt sein Ende als großer explodierender Stern bis in die entferntesten Ecken des Universums an. Aber das Ende ist ein Anfang, denn er hat uns wohl gedient, und wir werden weiterschreiten: die Humanität dieses Systems schreitet weiter in andere Abschnitte des Väterlichen Reiches. Und dieser Himmelskörper wird nicht eher vergehen, bis das Tausendjährige Reich vorüber ist, wenn wieder die Kräfte der Dunkelheit freigelassen werden. Dann wird das Ende kommen, und dieses System löst sich in Gedanke auf. Denn es i s t nur Gedanke, da alle himmlischen Körper - seien es nun Sterne oder Welten - nur die Formen sind, in denen sich das Wort unseres Vaters manifestierte. Es waren Seine Worte, die am Anfang gesprochen wurden: Es werde Licht, und es werde Substanz. Dies sind Seine Worte, und einige werden sich in Gedanke auflösen, denn am Anfang war nur der Gedanke.

In nicht allzu ferner Zukunft werdet ihr eines Tages auf eine große purpurne Ebene vor euch schauen, in ein goldenes Licht, das euch durch seine Hitze und Wärme anzieht. Stellt euch vor, was diejenigen auf der Erde erwartet, die sich selbst als Seine Kinder geprüft haben! Ihnen wird es nicht an Wahrheit fehlen. Seit vielen Jahrhunderten hört unser Vater die Worte der Ernsthaften auf der Erde:'Unser Vater, Dein Wille geschehe wie im Himmel, also auch auf Erden.' Dieses Gebet wird nun beantwortet. Es wird auf der Erde sein wie es im Himmel ist. Dem Menschen soll es nicht länger an irgendetwas fehlen. Er wird bald seinen Platz als wahrer Sohn Gottes antreten, denn sagte nicht Jesus Christus:'Wißt ihr nicht, daß ihr Götter seid? Erkennt dies und nehmt das Szepter und den Reichsapfel eurer Göttlichkeit an, nicht damit ihr euch erheben sollt über eure Mitmenschen, sondern damit ihr das Geschenk akzeptiert, das der Vater für Seine Kinder verwahrt hat, die nur das Licht sehen wollen.

Und ihr werdet euren Fuß auf Ebenen von unglaublicher Größe setzen - ihr und die anderen der Erde, die ihr die - Ernte seid, die die Engel nun einholen werden. Dieser Ertrag wird nun liebevoll eingesammelt und zusammengebunden, auf den Feldern aufgestapelt und wartet auf das geeignete Licht, das von seinem eigenen Licht angezogen werden wird. Und dann werden sie von der Erde verschwinden. Sie werden in einem Flackern und Funkeln von der Erde gehen. Dann werden sie in ein großes Amphitheater kommen, wo alle Engel - wie es in euren Heiligen Schriften steht, den Heiligen Schriften, die im Auftrag und der Autorität des Lichtes dieser Sphäre geschrieben werden - wo alle Engel vor Seinem Thron singen werden. Es steht wahrhaftig geschrieben, und es wird geschehen. Und wenn dieses Singen einsetzt, ist es ein Singen, das niemals zuvor auf der Erde gehört worden ist, denn es ist ein Verschmelzen all der Seelen, die an dieser Gemeinschaft teilhaben. Die Tiere und Vögel beteiligen sich auch an diesem vibrierendem Gesang der Sphären. Und ihr werdet vor euren Augen die Phantasie der Schönheit, der Farbe, des Tons und der Harmonie sehen, wie sie zusammen verschmelzen in tiefer Verehrung vor dem Licht, welches das ICH BIN ist.

Und ihr werdet sehen, wie sich vor euch wunderschöne Blumen, Bäume und Weinstöcke öffnen werden, und sie schwingen hin und her als Antwort auf euren Gesang; sie öffnen ihre Blütenblätter und ihr Antlitz, strecken und wenden sich nach oben, um in die Sonne zu sehen. Die ganze Schöpfung des Vaters wird zusammen antworten, denn wir sehen es von dieser Sphäre aus: Ihr seid keine Länder und Nationen, keine Individuen oder Tiere, keine Sklaven oder Freie, ihr seid alle EINS, das Wesen Erde. Ihr seid ein Mensch, ein Mensch mit vielen Wunden, der bald frei sein wird und dessen Schmerzen bald gelindert werden.

Sucht den tiefsten Teil eures Herzens, auch wenn ihr euch mit alltäglichen, gewöhnlichen Tagesangelegenheiten beschäftig. Erkennt voller Freude, daß jetzt die Zeit da ist, auf die wir so lange gewartet haben. Laßt eure Mitmenschen wissen, daß der Meister bald seinen Fuß auf die Erde setzen wird. Dann ist die Zeit, wo alle Menschen frohlocken können. Die Himmelsglocken läuten! Die Trompeten erschallen!

ERZENGEL GABRIEL

Sie verstehen nicht, was geschrieben steht. 'Vater, Vater, warum hast du mich verlassen?' Warum sollte der Meister, der sich beständig dem Aton - dem Einen Gott - geweiht hatte, schließlich in seiner Verzweiflung an dem Vater zweifeln und sagen:'Warum hast du mich verlassen?' Das sind Worte der Ängstlichkeit, Worte derer, die ihre Mission nicht erfüllt haben, und nicht Worte des Christus. Diese Worte wurden falsch gedeutet, denn sie gehören nicht der aramäischen Sprache jener Zeit an. Sie gehören der sehr alten Solar- oder Muttersprache an, auf die der Meister natürlich zu dieser Zeit zurückgreifen wollte. Es heißt nicht 'sabachthani', sondern 'zbacthani' mit 'z': z-b-a-c-t-h-a-n-i'. 'Eli, eli, lama zbacthani' bedeutet:'Jene, die mich verleugnen, werden meine Wunden offenhalten.' - 'Jene, die mich verleugnen, werden meine Wunden offen halten.' 'Eli, Eli, lama zbacthani.' 'Vater, dir übergebe ich meinen Geist; es ist vollbracht.'
Die großen Kriegsmaschinen der Welt ballen sich nun zusammen. Im Heiligen Land sehen wir den Anfang des Weltuntergangs. Wieder einmal Ägypten und Israel. Ist es nicht bezeichnend? Und es nimmt beständig zu. Es wird der größte Kampf stattfinden, den man je gesehen hat, nicht nur unter denen, die gegen ihre Mitmenschen kämpfen, sondern auch unter den Elementen. Die Erde selbst wird zum Kampfplatz werden. Die Naturkräfte werden wegen des falschen Denkens und der falschen Handlungen der Menschen entfesselt, da der Mensch den Meister nur in Worten und nicht in Taten verehrte und ihm somit nicht gedient hat.
Was war es doch für eine große Zeit, wo die Boten des Himmels die Ankündigung 'Friede auf Erden' in jener Nacht ausriefen, denn Er - Er, der Buddha war, Er, der das

Licht Asiens und das 'Licht der Welt' war - manifestierte sich in der einfachen Umgebung jener Nacht.
Ich bin Gabriel, wie meine Brüder auch von der Sonne, doch seit jener Zeit bin ich Gabriel der Sternengilde, bis diese Arbeit getan worden ist.

Die Armeen werden durch eine große Naturkatastrophe gestoppt werden. Die Waffen werden in ihren Händen schmelzen. Sie werden schließlich bemerken, daß die Erde an dem Punkt angelangt ist, wo die Schwingungen nicht länger einen Akt zügellosen Mordens von seiten ihrer Bewohner tolerieren wird. Seit Jahrhunderten hat der Mensch auf der Erde immer wieder Blut vergossen. Nicht ein Moment eines Tages ist vergangen, wo nicht das Blut eines Menschen auf der Erde vergossen wurde. Jetzt weigern sich die Schwingungen zu töten.
Es wird weder ein Akt des Vaters sein, noch eine Handlung einer höheren militärischen Ausrüstung. Es wird das eigene Denken des Menschen sein, daß auf ihn zurückfällt. Durch dieses Denken wurde über Tausende von Jahren hin die Schwingung geschaffen. Und schließlich werden die Menschen in dieser neuen Schwingung nicht mehr funktionieren, wenn sie in dem großen Krieg ihre Waffen gegen ihre Mitmenschen erheben. Alles, was Zerstörung verursachen wird, wird schmelzen. Wenn ein Mensch ein destruktives Wort äußert, wird er sich auflösen. Alles Negative wird verschwinden.
Jede Regierungsform und Autorität wird zusammenbrechen, bevor Er wiederkommt, so steht es geschrieben. Wir predigen keinen Aufruhr, weder Tyrannei noch Handlungen von Verrätern. Wir predigen Jesus Christus! Wie kann diese Nation der Erde behaupten, daß sie dem Meister folge, wo sie doch immer größere Kräfte der Zerstörung baut und immer neuere Wege schafft zur Tötung ihrer Mitmenschen? Eure Führer behaupten, es sei eine Wahrheit: je mehr Macht sie haben, um so mehr Frieden werden wir genießen. Ihr gewinnt keinen Frieden, indem ihr einem Menschen ein Gewehr in den Rücken haltet. Von welcher Art ist dieser Frieden? Es ist der Frieden der Idioten und Narren und jenen, die Satan dienen.

Als Buddha hat der Meister einmal die große Wahrheit geäußert:'Wie und wann kann der Haß aufhören, wenn er auf immer mehr Haß stößt?"

Euer Land ist nicht christlich! Es folgt nicht dem Meister Jesus Christus. Wenn es so wäre, würde es die Waffen niederlegen und alle atomaren Waffen vernichten. Es würde keine Waffen haben, weder Waffen der Zerstörung noch des Schutzes. Es würde allein IHM vertrauen und sich in Seinen Schutz begeben. Er ist der einzige Schutz. Darum muß das Land, das darauf vorbereitet wurde, die Welt zu führen, nun mit der Welt untergehen, wie es geschrieben steht.

Alle Nationen auf der Oberfläche der Erde werden vollständig zusammenbrechen! Und dann wird die neue Regierung mit Christus als König und dem Hause David als Oberstes regieren. Es wird Dinge, Wunder und Zeichen von solcher Art geben, wie sie die Welt noch niemals vorher gesehen hat. Die Meere werden toben! Ungeheuer eines anderen Zeitalters werden durchs Land streifen. Die großen Lebewesen, die einmal lebten und viele, viele Tonnen wiegen, werden durch die Straßen schweifen. Es werden Hungersnöte aufkommen und große Heuschrekkenplagen. Die Meere werden Ungeheuer freigeben, die längst als ausgestorben gelten, und sie werden an den Küsten herumkriechen.

Und alle diese Dinge werden schon bald geschehen, aber haben wir uns nicht darauf vorbereitet? Gehen wir nicht auf diese Zeit zu mit dem Wissen, daß daraus das Beste für alle Menschen überall hervorgehen wird und sie sich in zunehmendem Maße höherentwickeln, bis sie Gottes Herz erreicht haben? Und wenn sie das Herz Gottes erreichen, wird es neue Herzen geben, zu denen aufgestiegen werden muß. Es ist wahrhaftig gesagt worden:'Quo vadis Domine?' - 'Wohin gehst Du, Herr?' Wir werden immer sagen:'Wohin gehst Du, Herr?' so wie Er jedes Versprechen in Seinem Fortschreiten annimmt. Und wenn wir zu Göttern und Herren werden und sogar zu Herrschern von Universen, wird Er immer der Herr sein, und wir werden Seine Freunde genannt werden.

Mit eurer Erlaubnis spreche ich nun von der Weltregierung. Atlantis wird wieder ein Poseidonis haben und Lemuria wieder ein Zorai. Die Inkas werden ihren Inka haben und die Ägypter einen Pharao. Ägypten wird eines der großen Zentren der Weltregierung werden, da ein neuer Pharao eine neue Dynastie beginnt, und es wird noch nach Jahrtausenden als die Goldene Dynastie in der Geschichte bekannt sein. Die sieben großen Kolonien des Mutterlandes kommen zusammen mit dem Mutterland selbst. Die Bruderschaft am Titicaca-See wird die große Goldene Sonnenscheibe wieder in den Sonnentempel zurückbringen.

Die neue Weltregierung wird auf der alten Sonnenherrschaft aufbauen, was moderne Wissenschaftler nicht verstehen. Es war keine Anbetung der Sonne selbst. Es war die reinste Form: Die Verehrung von Aton -das Sühneopfer (at-one-ment), das der Meister schuf, indem Er sein Blut gab, das in Golgatha aus seinem Körper floß. Dieses Sühneopfer ergab die Schwingung auf der Erde, die für immer den Ewigen Strahl zwischen der Erde und dem Vater schuf, einen Strahl, der niemals aufhört. Dies war der Zweck und die Bedeutung seines Todes auf dem Kalvarienberg.

Wollte der Große Schöpfer von allem Seinen Sohn aussenden, damit er in Verzweiflung und Versagen am Kreuz sterbe? Dies bedeutet, daß der Schöpfer die Niederlage zuließe. Er macht keine Fehler! Wir machen Fehler. Jesus kam auf die Erde, um zu leben und nicht, um zu sterben! Sagt dies euren Kirchen! Sie sagen, Jesus kam, um zu sterben, damit alle Menschen durch sein Blutvergießen erretttet werden können. Aber er kam nicht, um zu sterben, warum würde der Vater ihn in erster Linie gesandt haben? Die Kirchen deuten in ihren fundamentalen und engstirnigen Lehren an, daß Jesus kam, um die Menschen zu lehren, aber sie schlossen die Wahrheit aus. Darum hatte Gott, sein Vater, keine andere Alternative, als Seinen Sohn ans Kreuz zu nageln, damit durch das Vergießen seines teuren Blutes alle Menschen gerettet werden können und sich selbst eine dauernde und ewige Freifahrt und eine schnelle Fahrkarte zum Paradies sichern können. Dies ist das Mundwerk von Ammon! Es sind nicht die Lehren unseres Himmlischen Vaters.

Jesus kam nicht in erster Linie, um zu sterben. Er ist nicht der tote Christus. Ihr ganzes Evangelium gründet sich auf die Tatsache, daß Jesus für sie gestorben ist. Aber er lebte für sie, ihr Lieben; Er starb nicht für sie! Wir müssen Seinen Lehren, Seinen Worten und Seinem Leben folgen. Doch statt dessen leben sie im Schatten Seines Todes. Sie leben Seine Lehren nicht, und sie nennen sich selbst Christen. Sie sind keine Christen. Sie folgen dem Dunklen.

Ihre Munitionsfabriken und ihre geheimen, mit Rauch gefüllten Räume sind nicht die Räume, in die Christus kommen würde. Aus diesem Grunde wird diese Farce, die Vereinigten Staaten, zusammenbrechen. An der Oberfläche ist es ein Wolf in Schafskleidern, aber innerlich ist es ein rabenschwarzes Biest. Es gründet sich nicht wirklich auf das Leben des Meisters. Wenn sie nur Seinen Tod vergessen würden und wie Er ihnen einen leichten Weg in den Himmel sichert, dann könnten sie die Weltsituation klären! Aber sie haben ihre Chance vertan. Jetzt ist es zu spät. Die Sichel ist aufs Feld geworfen und das Feuer ist auf den Altar gelegt worden, um zu bestimmen, was Spreu und was reiner Edelstein ist. Das Stoppelfeld wird abbrennen, und nur die Edelsteine werden übrigbleiben.

Für die nächsten Jahrzehnte wird die Erde in ein Chaos schlimmster Art verwickelt sein. Ihre Erdachse wird sich verändern, nicht nur einmal, sondern dreimal. Selbst Dante konnte in seinem 'Inferno' nicht solch eine Tragödie aufzeigen. Ich bin kein Prophet der Dunkelheit und der düsteren Stimmung; ich bin ein Prophet der Tatsachen. Ja, es ist tragisch, aber es ist noch tragischer zu sehen, wie es so weitergeht. Je schneller es beseitigt wird, um so schneller sind die neuen Schwingungen verankert und und um so besser für alle Menschen. Selbst jene, die zugrunde gehen, werden befreit werden, um weiterzugehen und dort zu lernen, wo sie lernen müssen.

Das Gesetz besagt, daß es keinen Rückschritt gibt, nur Fortschritt. Zur Zeit gibt es auf der Erde nur sehr wenige, die in dieser Umgebung fortschreiten können. Alle anderen werden auf die eine oder andere Art vergehen.

In diesem Moment bewegt sich ein Komet auf die Erde zu, der elfmal größer als die Erde ist. Er kommt aus dem Gebiet der Vega. In der Johannes-Offenbarung wird prophezeit, daß ein großer Stein auf die Erde schlagen wird, da die Erde durch den Schweif dieses Komenten geht.

Die Weltregierung, das tiefe Herz und Hauptquartier der Erde, wird nicht auf der Erde sein. Es wird zwölf Regierungs-Repräsentanten als Ratgeber auf der Erde geben, die als Pharao, Inka, Zorai, Poseid und andere regieren. Aber Er, der die Erde wie Seinen Fußschemel beherrscht, wird dann nicht auf der Erde sein. Und ich spreche nicht in Rätseln, obwohl Gabriel bekannt dafür ist, in Rätseln zu sprechen. Es ist nur für diejenigen, die wenig Begriffsvermögen haben, ein Rätsel. Aber die wirkliche Weltregierung wird von einem anderen Stern sein, doch nicht von einem Stern, der Millionen von Meilen entfernt liegt, sondern von einem, der selbst zur Erde wird und zu ihr gehört. Er wird bekannt sein als Zabeka Musor, eine Schule des Lebens.

ERZENGEL MICHAEL

Wenn ihr wollt, geht für einen Moment mit mir zurück in eine weit zurückliegende Epoche des Altertums, die weiter zurückliegt, als wir in unseren Zeitbegriffen denken können. Stellt euch im Geiste eine große spiralförmige Masse aus blau-violetter Flamme vor, die aufwärtssteigt und den Menschen zu ständig wachsender Größe im Universum unseres Vaters führt.

Erinnert euch daran, was Jesus gesagt hat:'Ich kenne keinen größeren Geist neben meinem Vater. Er ist der Alte der Tage. Ihr Lieben, ich kenne keinen anderen außerhalb von Ihm, dennoch weiß ich, daß es andere über Ihn hinaus gibt. Ich glaube an ihre Existenz.' Was ist die Hierarchie von Göttern und Schöpfern im Universum? Ich möchte dieses besonders herausstellen, damit ihr die Terminologie verstehen könnt. Es ist wahr, wie einige von euch schon vermutet haben, daß Gott Vater der Vater ist, von dem Jesus spricht. Er ist ein Schöpfer-Gott, der Schöpfer-Gott aller antiken Mythologie-Legenden. Er ist der Gott - Gott Vater - Inkarnierter Gedanke auf der Sternensonne Sirius. Aber jenseits von Ihm gibt es Götter von einer Pracht und Herrlichkeit, die außerhalb des Begriffsvermögens liegen.

Es gibt Welten im All, wo der Mensch nur als ständig wechselnde Farbe und Schattierung existiert. Es sind Welten von phantastisch schillernder und leuchtender Schönheit, wo sich eine Form mit der anderen vermischt, aber immer eine ist, die sich ständig verändert. Es gibt Welten, wo der Mensch nur zu einem Ton einer läutenden Glocke wird, wo das Leben nur ein Kaleidoskop der Natur ist; Welten, die wir euch einfach nicht verständlich machen können, denn es würde Gott Vater - den Inkarnierten Gedanken auf dem Sirius - als Sandkorn an einem einsamen Strand erscheinen lassen.

Und doch ist über dem ganzen Universum selbst der ALL-EINIGE, der VOLLKOMMENE, der UNENDLICHE VATER, der Alleinige Schöpfer, der Sich-Selbst-Erschaffene, und wir nennen Ihn in unserer Stellung einfach EWIGKEIT.

Was liegt hinter diesem Plan, der der Erde nun dargelegt wird? Es gibt einen noch größeren Plan dahinter, sogar noch hinter dieser Abspaltung von diesem Sonnensystem, von der wir euch vorher schon berichteten. Die Antwort darauf ist, daß wir aus den Tiefen der Nacht im Weltraum aufgerufen worden sind, denen zu dienen, die nach uns rufen.

Was ist der Zweck des irdischen Klassenzimmers? Was bedeuten all die Tränen und Sorgen, der Tod, die Not und die Qualen? Sie sind für die persönliche Entwicklung, ja, aber wofür noch? Was ist der größere Plan? Nur der, daß eine Welt durch einen Atomkrieg zu Asche wird? Nein! Die Lektion, die gelernt werden muß, ist die, daß der Geist dahin gelangt, sich selbst zu erkennen, daß der Mensch von dem schädlichen Einfluß des große Ehebruchs befreit wird.

Auf eurer Erde wird eines Tages ein blendender Lichtstrahl erscheinen. Alles Alte wird vergehen und wie Spreu auf dem Altar der Wahrheit verbrannt werden. Nur die 'Edelsteine' werden übrigbleiben, die 'Edelsteine', die der Ewigen Flamme standhalten.

Die Erde ist eine Schule für Götter. Doch heute gibt es nur Menschen auf der Erde, die die Spuren des Menschseins verloren haben, eine kleine Ernte von Menschen auf der Erde. Es steht geschrieben, daß die Ernte nicht groß sein wird. Oder ist sie es? Ja, so steht es geschrieben; und der Arbeiter wenige. Die Ernte ist groß entsprechend der Arbeiter, aber von der gesamten Erdbevölkerung aus gesehen, ist die Ernte gering. Es hat Millionen Jahre gebraucht, seit der Mensch auf der Erde ist, um diesen kleinen, konzentrierten Lebenstropfen hervorzubringen und ihn im Feuerofen der Zeit zu entwickeln.

Die Erde ist ein Klassenzimmer für Göttlichkeit - weder der Mars, noch die Venus, noch Jupiter oder der prachtvolle Saturn, weder der spirituelle Neptun und Pluto, noch Merkur oder sogar die Sonne mit ihren vielen Körpern bieten dies. Die Lotosblume steigt aus dem Schlamm der Erde auf. Und jetzt gibt es eine einzige Büte. Der Vater sieht aus dem Blau des Himmels und aus dem Gold der Sonne herunter und sieht eine einzige, reine Lotosblume, die sich über dem Schlamm öffnet, und kurz beugt Er sich herunter, um sie zu pflücken und sie wieder nach Hause zu bringen.

Darum seid ihr und eure Mitmenschen überall für die große Transmutation vorgeplant worden. Und dann schreiten wir weiter zu anderen Universen der Welten, die nach unserer Hilfe verlangen. Wenn der Mensch seinen Schulabschluß hat und seine Göttlichkeit gewinnt, beginnt die Arbeit. Aus unzähligen Millionen Jahren tierischen Lebens hat sich der Mensch weiterentwickelt, um wieder ein Engel zu werden! Denkt nur an die vielen Leben und an die Intrigen, die Kämpfe und die Liebe, die alle vergangen sind, nur um diesen einen Tropfen ewigen Elexiers zu erzeugen!

Laßt uns selbst in diesem sich immer mehr ausweitendem Heer auflösen, es ist eine lebendige Sache, die von der großen Morgendämmerung weiterentwickelt wird zu einem goldenen Leuchten über der ganzen Erde. Diejenigen, die auf die höchsten Berge klimmen, werden dort keinen Schutz finden. Kein Atombunker wird ausreichende Sicherheit bieten. Keine Höhle ist tief genug, und kein Berg ist hoch genug, denn dies ist der Tag der großen Transmutation, wo sich alle Elemente verändern werden. Ihr werdet nicht nur für andere Atmosphären vorbereitet, sondern ihr werdet auch die Dimension wechseln. Ihr verlaßt die Welt, das Königreich der dritten Dimension. Ihr tretet in die Dimension des Verstehens ein. Nehmt das an, was der Vater für euch vorgesehen hat.

Das Physische ist, wenn es entwickelt ist, nur für eine kurze Zeit des Dienens da. Arbeitet als Einheit zusammen, denn obwohl ihr es nicht erkennt, steht ihr in diesem Moment vor dem Thron des Vaters. Eines Tages werden wir zusammen auf unser Sonnensystem zurückschauen und sehen es wie einen Stern in der entferntesten Ecke von Gottes Reich explodieren, denn wenn es seinen Zweck erfüllt hat, löst es sich wieder in Gedanke auf. In Wahrheit sind wir ein Heer. Im Universum gibt es Bereiche, wo es kein Licht gibt, nur Dunkelheit, und sogar ein ganzes Heer kann nur als ein winziger Punkt eines Kerzenlichts erscheinen. Aber erinnert euch an die große Wahrheit, daß unabhängig von der größten Dunkelheit und unabhängig von der gewaltigsten Nacht eine kleine Kerzenflamme die große Dunkelheit zurückhält. In ihrer Geringfügigkeit ist sie unbesiegbar, weil sie Licht ist. Dann werden wir als winzige Kerzenflamme weiter in Gebiete aufbrechen, die niemals vorher das Licht sahen, und werden es ihnen bringen, so wie die Arbeiter dem alten Ägypten durch Echnathon das Licht brachten. Die Menschen dort hatten es niemals vorher gesehen. Einige wurden geblendet davon, denn es war zu strahlend. Sie verstanden damals nicht - genau wie heute - weil sie einfach zu stark geblendet waren. Es war eine Sache, der man auswich und vor der man Angst hatte. Und viele fielen in die Bequemlichkeit der Dunkelheit zurück.
Hat der Mensch Angst vor der Dunkelheit? Wir sagen, nein; es stimmt nicht! Der Mensch hat Angst vor dem Licht. Er wünscht sich, wieder in der Dunkelheit des Mutterschoßes zu sein, wo es kein Licht gibt, denn nur dort allein fühlt er Sicherheit, Wärme und Leben. Es erfordert Mut, in das Licht zu gehen - und nicht ins Dunkel!

ERZENGEL GABRIEL

Über den Planeten Erde hat es viele unsinnige Gedanken gegeben. Wenn auch die Menschen auf der Erde den Mars als Gott des Krieges bezeichnen, Saturn als den düsteren Gott, Neptun als Gott des Geheimnisvollen und Pluto als Gott der Unterwelt - nein, dies alles sind die Eigenschaften des Roten Sterns, der Erde: Schwermut, Verzweiflung, Tod, Krieg! Dieser Planet ist in der Gewalt der Schwarzen Horden gewesen und ist es noch, die aus einer weit entfernten Galaxie kommen und den Menschen des Ostens als Orden der Schwarzen Drachen bekannt ist. Er hat sich jetzt auf der Erde in der kommunistischen und allen totalitären Bewegungen inkarniert. Sie sitzen auf den Thronen der Erde. Wahrhaftig sage ich euch, sie sitzen auf den Herrschersesseln der Erde.

Dies erkannte eine Frau nachts in Bethlehem. Sie wußte, daß die Arbeiter schon auf der Erde waren und ihre Aufgabe verrichteten, für die sie gekommen waren - die geringeren Avatare, die für diese Aufgabe kamen, und nicht nur zu dieser Zeit, sondern auch schon vor unzähligen Jahrtausenden früher. Sie waren für diesen Lehrer tätig, ob Er nun Buddha, Zarathustra, Melchizedek, Shem oder ein anderer war. Aber sie wußte, daß ihre Aufgabe für die erste und letzte Inkarnation auf dem Roten Stern erfüllt sein wird, wenn Er an dem einen Tag wiederkommt, an dem Tag der Großen Transmutation Michael's.
Die Schwarzen Horden müssen nun die Todeskämpfe des Drachens über sich ergehen lassen, und in den Todeskämpfen eines Untiers werden viele umkommen; aber schließlich wird das Untier im Kampf unterliegen. Gottes Märtyrer werden wieder frohlocken!

Jesus sagte:'Sehet, was sie dem Meister angetan haben! Wenn sie dies tun, was werden sie erst seinen Jüngern antun?' Euer Herz und eure Seelen, eure Arbeit und eure

Verrichtungen müssen die Stirn jener berühren, die beständig ihre Augen nach oben richten und nach der Wolke Ausschau halten, die kommen wird. Eure Gegenwart wird ihre Seelen beruhigen; eines Tages werdet ihr an ihrer Seite gehen und jauchzen und singen, wie es wirklich geschrieben steht;'Die Felder und alle Bäume werden vor Freude in die Hände klatschen', denn wir gehen in Frieden hinaus, da wir in der Arbeit hochgehoben werden und wir uns dort versammeln, wo die Adler sich treffen und erkennen, daß wir wieder einmal in Seiner Hand sind.

Wenn der Mensch auf der Erde nur verstehen wollte, daß einfach jede Seele in Seinen Augen kostbar ist, ganz gleich, wie entwickelt sie ist! Schließlich werden alle beim Hören des Rufes emporsteigen und sich als Einheit fortbewegen. Der Mensch ist dazu bestimmt, den Thron des Universums zu besteigen, um alle Sterne, Planeten, Sonnen und Welten zu überblicken, die Seine Gedanken in Tätigkeit sind.

Es gibt nichts Endliches. Es gibt nur Leben - aber erst kommt der Dienst.

BRUDER PHILIP

Was ihr jetzt tut, dient der Vorbereitung auf die Zeit nach der Katastrophe. Es ist schon zu spät, irgendetwas gegen die Katastrophe zu tun. Viele fühlen, daß die Besucher aus dem All kommen und alle versorgen werden. Ich kann euch versichern, daß sie es nicht tun werden. Sie werden euch nur beistehen.

Das Leben auf der Erde wird auf gewöhnliche Art und Weise weitergehen. Das wird aber nur für eine kurze Zeitspanne sein, und kurz darauf wird eine große Utopische Zivilisation wie ein Phönix aus der Erde aufsteigen. Aber wir finden, daß einige noch nicht bereit sind. Sie können ihren Komfort nicht aufgeben und jene Dinge, an die sie sich gewöhnt haben und doch werden die Luxuritäten und Komforts keinen Sinn mehr haben, wenn die Katastrophe beginnt. Wie können sie ohne Elektrizität ihre Wäsche in diesen Maschinen waschen? Wie können sie ihren Haushalt führen? Sie müssen in den Garten hinter dem Hause gehen und den Grill benutzen, um Essen zu kochen. Der Elektroofen wird nicht arbeiten. Sie können kein Feuer in ihm entzünden. Das Gas wird ausfallen. Sie werden sich aus ihren Häusern entfernen müssen, um überhaupt leben zu können: zurück zu den Höhlen.

Der Mensch auf der Erde muß nicht in die Zeit der Wildheit zurückfallen, so wie er es in der Vergangenheit getan hat. Dies ist eine der großen Aufgaben, warum die Menschen aus dem All kommen werden - weil die Überlebenden sonst in die Höhlen zurückgehen, wenn ihnen nicht geholfen wird.

Und viele werden sterben, weil sie nicht so geschickt sind in der Herstellung von Waffen und Werkzeug, um sich Lebensmittel und andere Notwendigkeiten zu beschaffen, so wie es ihre Höhlenvorfahren verstanden. Sie werden sich weder physisch anpassen können noch die Stärke und Ausdauer zum Leben haben.

Ich kann euch nun ohne Schwarzmalerei sagen, daß die nächsten siebzig Jahre so sein werden. Das Neue Zeitalten über die ganze Erde verstreut. Es kann nicht in einer ten über die ganze Erde verstreut. es kann nicht in einer Sekunde geschaffen werden. Es wird etwa siebzig Jahre harte Arbeit bedeuten, eine Erde, die total zerstört war, in das Neue Zeitalter hinein aufzubauen, nachdem Jesus wiedergekommen ist. Er wird keinen Zauberstab schwenken und alle folgen den Schafen und grasen auf den Weiden, sowie der Meister sie an die Hand nimmt, um sie zu den utopischen Feldern zu führen. Dies wird nicht so sein. Es erfordert Arbeit und nochmals Arbeit, um die neue Welt aufzubauen.

Dann wird für ungefähr die gleiche Zeitspanne der Mensch ein Schüler sein, der von seinen Mitmenschen auf der Erde, die weiter sind als er, lernt. Er wird von seinen Brüdern aus dem All beraten werden, besonders die Jugendlichen, die sich für wissenschaftliche und elektronische Gebiete interessieren, während andere Arbeiten mehr soziologischer und historischer Art sind, um dem Menschen seine Vergangenheit aufzuzeigen, und die wahre Geschichte der Welt lehren, und die Raumbesucher werden ihm zeigen, wie die neue Welt und die neue Wissenschaft aufzubauen ist. Alles muß neu gemacht werden. Die Wahrheit muß offenbart werden, um den Menschen der neuen Welt zu entwickeln, der nach allem hungrig sein wird, was die Wahrheit ist.

Doch siebzig Jahre sind eine kurze Zeit. Bei ihrem Ende wird die Erde sauber und gereinigt sein, und dann wird es die kristallenen Städte geben, und dann wird es auch Raumfahrt geben. Und wenn das alles stattfindet, wird der Mensch feststellen, daß er durch seine eigenen Anstrengungen mit der Interplanetarischen Bruderschaft zusammengekommen ist, und daß er sich seinen Stuhl in dem Konzil der Planeten-Nationen verdient hat, nur, um das Geheimnis zu entdecken, warum die Leute aus dem Raum auf die Erde gekommen sind. Es wurde schon viele Male und aus vielerlei Gründen gesagt, warum: wegen unserer Atomversuche, wegen diesem oder jenem. Alles ist wahr; andererseits scheint es auch paradox zu sein.

Die Menschen aus dem All erklären, daß sie sich wegen des Universalen Gesetzes nicht mit dem Fortschritt auf der Erde im Widerstreit befinden können. Ist das nicht wahr? Ja, sie mischen sich ein, nicht wahr? Und ist es wahr, daß sie ohne Liebe zu ihren Mitmenschen hier sind? Nein! Denn sie wären schon vor Jahrhunderten in Massen erschienen, wenn es rein für die Liebe gewesen wäre. Lieben sie jetzt weniger, oder liebten sie damals weniger als jetzt? Nein! Manchmal scheint etwas zu fehlen - der Schlüssel zu der gesamten Situation. Denn warum interferieren sie jetzt? Was ist der wirkliche Grund? Die Antwort, die euch schon gesagt wurde, ist, daß die endgültige Evakuierung dieses Solarsystems erforderlich sein wird, und zwar wegen der intensiven kosmischen Beschießung und der darauffolgenden schädlichen Strahlen. Dieses System wird in die Entwicklung einer neuen embryonalen Sonne aufgenommen und ein Teil von ihr werden und in seiner Entwicklung nutztbar gemacht werden. Wir wirbeln jetzt wie ein Blatt im Wirbelwind in diese neue Sonne hinein.

Wenn der Mensch seinen Platz in dem Konzil erreicht hat, wird er herausfinden, daß er ihn nur in Zusammenarbeit mit den anderen Brüdern des Alls erreicht hat, die die verschiedenen Welten und Solarsysteme repräsentieren, um bei der großen Evakuierung zu helfen. Und zu der Zeit werden die Überlebenden aller Welten, die es durch rechtes Leben und vergangene Leben verdienen, auf diese große Reise gehen.

Der Mensch wird eine Reise ins Unbekannte antreten, in

weite Gebiete des interstellaren Alls, die niemals vorher von Menschen erforscht wurden, von denen nur in Sagen der sehr alten Planeten gemunkelt wurde und die bekannt sind als Nichts des Ewigen Lichts. Die Möglichkeiten und das neue Dasein, das der Mensch hier erlebt, verlangt nach Aufklärung. Sie fordert eine gänzlich neue Entwicklung des menschlichen Geistes, da er wieder die Kraft des kreativen Denkens zurückerhält, und er damit beginnen wird, das Erschaffen von Welten zu verstehen.

Der Gedanke ist schwindelerregend, und er wird irgendwann kommen. Große Geschwader werden den Menschen auf diese Reise holen, und er wird entdecken und Zeit mit dem Studieren vieler Welten verbringen, bevor er diesen Raum erreicht. Die Reise wird lange dauern, bis sie vollendet ist. Aber wenn der Mensch sie erreicht hat und die Erde zurück in diese Bruderschaft gebracht hat, dann wird er sich niedersetzen und diese Reise mit seinen Gefährten anderer Welten zusammen auswerten. Ihm wird das Geheimnis klarwerden, warum die Menschen aus dem All kommen mußten. Sie taten es, damit die Erde schneller erhöht werden konnte, denn sie konnten die festgesetzte Zeit nicht abwarten. Die Dinge hatten sich bis zu solch einem Grade beschleunigt, daß sie nicht auf die Erde warten konnten, bis sie selbst langsam durch karmische Lektionen ihren rechtmäßigen Besitz erlangte. Das Eingreifen war erforderlich. Aus diesem Grunde - wegen ihrer Motive - wird das Karma, das sie wegen ihrer Einmischung tragen müssen, sehr leicht und positiv sein. Es wird sich im Gleichgewicht halten.

MEISTER KUTHUMI

Seid gegrüßt in der Weisheit der Zeitalter. Einige Dinge verdienen jetzt Beachtung: Von vorrangiger Bedeutung ist der sogenannte Frieden zwischen Israel und Ägypten; darauf sollte geachtet werden, denn er ist nicht von Dauer. Gerade jetzt werden die Samen gelegt, und der Krieg tobt. Dieser Frieden ist nur oberflächlich.

Dieser Tag heute (23. April 1956) ist ein folgenschwerer Tag für die Menschen auf der Erde gewesen, obwohl es für einige Jahrzehnte nicht bemerkt werden wird. Aber an diesem Tag (und ihr werdet bald von ihm hören) haben die Wissenschaftler auf der Erde Leben erschaffen. Sie arbeiteten schon sehr lange daran. Sie brauchen jetzt keine Hähne mehr, um Küken zu erzeugen; und sie haben diese Experimente auch mit Fröschen gemacht. Es hat schon einige Male stattgefunden. Aber heute haben sie durch Mischung verschiedener chemischer Elemente einen Virus hergestellt. Sie haben ihn selbst erschaffen. Der nächste Schritt wird die Herstellung und Aufrechterhaltung einzelner Zellenorganismen sein. Dies ist das Problem - nämlich, sie am Leben zu erhalten, nachdem sie erschaffen wurden. Und es ist aus unseren Schriften bekannt, daß dies ein zusätzliches Zeichen der Zeiten ist, wenn dies eintrifft.

Aber die Ereignisse des Neuen Zeitalters werden nach der Katastrophe so überraschend sein, daß der Mensch in der kurzen Zeitspanne von siebzig Jahren riesige Fortschritte macht - in siebzig Jahren wird er etwa 100.000 Jahre umfaßt haben. Er wird aus Licht erschaffen. Ein Mann fällt z. B. unter einen Zug; beide Beine werden vom Körper abgetrennt. Wenn er nicht zuviel Blut verloren hat und der Körper so lange am Leben erhalten werden kann, bis er in einen Raum von Apparaten gebracht wird (ich will nicht Krankenhaus sagen, denn das schließt noch andere Dinge mit ein), dann kann er durch Lichtenergie geheilt werden, sogar daß die Organe und das Gehirn wieder voll arbeiten. Und dies ist nur der Anfang.

Die Kinder, die jetzt geboren werden, sind anders. Sie kommen aus einem Bereich des Alls, der jetzt die Erfahrung des violetten Strahls braucht. Und darum werden sie sich auf der Erde inkarnieren.

Die Erde kommt nun zur Abschlußprüfung, und jene, die nicht bereit sind, mit ihr zu gehen, müssen zurückgehen und den Kurs wieder aufnehmen. Jene, die am Ende des großen Zyklus scheitern, müssen einige tausend Inkarnationen wiederholen. Wenn der Mensch auf der Erde nur wüßte , wie lange er zurückgehalten würde (ich spreche niemals von Rückschritt, so etwas gibt es nicht; er geht nicht zurück, sondern er hat seine Entwicklung aufgehalten) - wenn er nur das Leiden erkennen würde, die verschiedenen Lebenszeiten, das sehnliche Verlangen, durch alles hindurchzugehen, dann würden alle irdischen Probleme verschwinden - wenn er es wirklich wüßte und glauben würde. Aber es ist natürlich nicht so.

Es ist jetzt bekannt, wer überleben wird und wer nicht. Es ist entschieden worden. Die Schafe wurden von den Ziegen getrennt, die schwarzen von den weißen, der Spreu vom Weizen. Die eingehende Prüfung ist vollzogen. Es ist bekannt, in welches Lager jeder einzelne Mensch gehen wird.

Nach den siebzig Jahren beginnt das Goldene Zeitalter erst in voller Blüte, dann ist die Periode des Wiederaufbaus vorüber und alles ist neu gemacht, so wie es geschrieben steht. Die Neue Wahrheit ist aufgestellt worden, sei es nun geschichtlich oder auf einem anderen Gebiet. Für 1.000 Jahre wird Christus auf der Erde regieren, und dann werden wir die Erde nicht mehr nötig haben. Während des Tausendjährigen Reiches wird der Mensch große Höhen erreichen. Jene, die das Überleben verdient haben, können sich dann mit den anderen des Alls zu neuen Bereichen des Lichts weiterbewegen, von denen die Meister gesprochen haben, denn dann wird die Sonne unseres Systems die Planeten nicht länger aufrechterhalten. Unser Planet ist dazu bestimmt, in eine embryonale Sonne einzugehen. Sie bewegt sich nun mit 1.000 Meilen in der Sekunde auf ihr Schicksal zu, wie eine Motte ins Kerzenlicht fliegt. Wenn mit einem Augenblinzeln alles neu gemacht ist - wie es in euren Prophezeiungen geschrieben steht - fühlt der Mensch, daß alles in einem Moment zum Paradies wird. Ich sagte, das kann nicht sein. Aber die Erde wird ihre Zeiteinteilung verändern. Tatsächlich geht eine Veränderung eurer Dimension und eurer Zeitmessung vor sich. Es wird eine kurze Ruhepause geben, die euch wie 10 Jahre erscheint. Ihr könnt in einer wichtigen Stunde die Erfahrung eines ganzen Lebens machen.

Wenn eure Mitmenschen zu euch sagen:'Glaubt ihr an einen Atomkrieg?' fragt sie, ob sie an die Prophezeiungen der Heiligen Schrift z. B. glauben, denn in den Vorhersagen ist es sehr deutlich beschrieben worden, was stattfinden wird. Der Meister sagte:'Jene, die sehen und hören können...' Es gibt nur sehr wenige, die wirklich sehen und hören können. Diejenigen, die das Sehen ablehnen, sind wie ein Betrunkener in einem brennenden Saal, der sich weigert zu glauben, daß die Party schon zuende ist. Selbst in der Stunde des Schicksals wird die Welt ruhig weiteressen und trinken. Tatsächlich ist die Musik noch lauter und die Getränke sind noch stärker, um das Ende des Zeitalters zu übertönen. Und es wurde prophezeit, daß der Mensch so handeln wird, wenn die Katastrophe über ihn kommt.

Aber in allem soll nur eine Lektion gelernt werden: daß sie in ihrem Geist stärker werden. Aber ich möchte den Worten meines Bruders Sanat Kumara noch folgendes hinzufügen: Der größte Konflikt, den die Welt jemals gesehen hat oder von dem sie jemals geträumt hat, wird vor der Periode des Wiederaufbaus stattfinden.

Bestimmte Weltführer, die realen Weltführer, bereiten nun auf das vor, was prophezeit worden ist. Als ihnen die Warnung von unseren Brüdern aus dem Weltall gegeben wurde, setzten sie sich darüber hinweg. Sie fahren mit ihrem Planen der Zerstörung fort. Sie wissen, daß mit zunehmenden Atomversuchen die Eiskappen der Pole weiterschmelzen, aber sie unternehmen nicht den Versuch, diese Experimente zu stoppen. Die Welt ist in der Hand von einigen wenigen wahnsinnigen Menschen. Sie sind im wahrsten Sinne des Wortes verrückt. Aber sie werden in Kürze beseitigt. Die Erde wird von ihnen saubergewischt werden, so als ob eine abscheuliche Infektion hinweggefegt worden sei. Es scheint eine wahnsinnige Welt ohne Sinn zu sein, aber in der Gesamtschau war dieser Wahnsinn so schrecklich, daß solche Seelen, die aus ihm herauskamen, nur stärker und herrlicher sein konnten. Durch die Prüfung des Feuers wurden sie mehr als bei allen anderen Erfahrungen gehärtet. In den Welten des Alls gibt es tatsächlich Seelen, die sich danach sehnen, auf der Erde wiedergeboren zu werden. Warum sollten sie für so eine gewalttätige und abscheuliche Welt auf ihre himmliche Wohnung verzichten? Weil sie hier allein die Lektion des Geistes erreichen können, die solch eine schlechte Welt zu bieten hat. Ja, wenn man die erschaffene Natur betrachtet, ist es wirklich ein wunderbarer Planet, weit schöner als seine Nachbarn. Mars ist ein alter verwüsteter Planet, nicht besonders schön. Er bietet nicht so ein Bild wie ihr es habt.

Es ist der Mensch, der wie ein Ungeheuer auf der Oberfläche kriecht, und der sie verseucht und zerstört, wo immer er hintritt. Der Mensch zerstört immer. Und dies läßt sich genauso gut auf die anderen Planeten beziehen, weil auch sie - in ihrer Entwicklung jenseits des irdischen Menschen - noch weit von der Vollkommenheit entfernt sind. Sie machen viele Fehler. Wenn ihr auch einem Wilden gegenüber als vollkommen erscheint, wißt ihr doch, daß ihr es nicht seid. Genauso erscheinen uns die Menschen anderer Welten, aber sie sind auch noch nicht vollkommen, und sie wissen es.

Darum ist die Erde fähig, in einer kurzen Zeitspanne dem Geist Qualitäten zu geben, die in anderen Welten sehr viele Leben dauern würden. Ja, vielleicht könnten sie diese besonderen Fertigkeiten niemals erreichen.
Die Erde ist eine Schule für Götter, aber in der Tat eine sehr eigenartige! Einige Menschen der herrlicheren Welten sind tatsächlich neidisch - wenn sie neidisch sein können (aber das ist das nächste Wort, mit dem ich es euch erklären kann) - weil sie wissen, daß man auf der Erde ein sehr starker Geist sein muß, wenn man all dieses Negative bekämpft hat. Ich mache den Menschen auf der Erde keine Komplimente, aber all denen, die es Leben für Leben immer wieder erlitten haben und immer noch zurückkommen. Es gibt kein Gesetz, das uns vorschreibt, immer wieder zurückzukehren; wir tun es aus freien Stükken, weil wir wissen, daß wir nur hier die Lektionen lernen können. Wir können auch im Ewigen Paradies bleiben; wir brauchen nicht zum physischen Leben zurückzukommen. Aber letztendlich haben wir die ganze Unsterblichkeit, es zu tun. Erinnert euch noch daran, daß Alles, das Negative und das Positive, der Vater ist. Ohne das Negative würde er nicht existieren. Darum ist Er beides, 'gut' und 'schlecht', positiv und negativ, Mutter-Vater-Gott.

MEISTER KUTHUMI

Wir haben schon des öfteren erwähnt, daß jetzt die Zeit zum Handeln ist. Philip hat mich heute nacht gebeten, doch über große, wichtige Angelegenheiten zu euch zu sprechen. Wie ihr schon gefühlt habt, richten sich die Kräfte gegenseitig immer genauer und enger aus. Die Botschaft, die ich euch bringe, ist die Botschaft über die falschen Propheten, wer sie sind und wie wir sie erkennen können.

Ihr werdet bemerken, daß in bestimmten Schriften behauptet wird, einige hätten keinen göttlichen Funken mehr in sich. Das ist ein trügerischer Irrtum. Es gibt im ganzen Universum kein Geschöpf, ganz gleich, wie böse oder niedrig es sein mag, das nicht einen winzigen Funken der Göttlichkeit in sich trägt. Ohne diese Göttlichkeit könnte es gar nicht existieren.

Die zweite Unwahrheit ist, daß solche Wesen durch Gottes Anordnung vernichtet werden. Nichts wird jemals aufgrund göttlicher Verfügung vernichtet werden! Die große Sintflut, die die Abscheulichkeiten auf der Erde zerstörte, war eine göttliche Anordnung, ja, aber warum geschah sie? Sie war schon vorher von den Lebewesen selbst geschaffen worden. Es mußte ein bestimmter Handlungsablauf eingehalten werden. Aber die Folgerung ist, daß sie aus dem Gedächtnis verschwunden und als Einzelwesen ausgelöscht worden sind. Ich sage euch, daß selbst unser Göttlicher Vater euch nicht als Individuen auslöschen kann. Sobald Er einmal seine unabänderlichen Gesetze in die Wirkung umsetzt, kann selbst er sie nicht mehr verändern!

Ihr mögt erstaunt sein über diese Kompliziertheit. Manchmal klingt es gut und paßt genau. In anderen Fällen ist es völlig absurd. Der Grund dafür ist einleuchtend. Wenn der Empfänger sehr selbstbewußt ist und den Kopf hochträgt, stimmt es überein, und der Einzelne erreicht eine höhere Ebene; unter anderen Umständen kommt das Astrale durch. Das einzige, was bei ihnen nicht in Ordnung ist, ist, daß sie Astrale sind, und deswegen sind sie nicht so bewußt wie die meisten Sterblichen. Ihr könnt genauso gut die Straße entlanggehen und jeden, den ihr trefft, um Rat fragen. Das bedeutet nicht, daß sie schlecht oder böse sind. Es ist nichts falsch an den Astralen. Es gibt wirklich viele wunderbare Wesen unter den Astralen, aber nur astral zu sein, macht sie nicht zu etwas Besonderem. Ihr müßt wissen, was sie vorher waren, bevor sie zu Astralwesen wurden. Ihr würdet gerne mit Gandhi sprechen, wenn er ein Astraler ist, aber ich glaube, daß jemand wie Dillinger euch nicht viel nutzen würde. Warum leidet die Welt so unter dem Mißverständnis und glaubt, daß die Menschen nach ihrem Tod Flügel bekommen und das Wissen eines Salomon haben, und daß ihnen aufgrund des gerade erst eingetroffenen Todes große Weisheit verliehen wird?

Die astralen Kräfte helfen euch. Es gibt viele große Wesen, die beiden helfen, den Menschen des Alls und euch selbst auf der Erde. Sie agieren als Sendboten und verrichten die Arbeit, die sie können. Einige von ihnen leisten hervorragenden Dienst auf den Schlachtfeldern, in den Straßen und Büros, wobei jeder den Menschen auf der Erde ein Ratgeber und Führer ist. Schließlich sind wir alle schon viele Male Astralwesen gewesen. Wir waren in dem Sinne genauso oft Astrale wie wir Sterbliche waren. Ich will nicht andeuten, daß alles Astrale negativ ist.

Aber ihr könnt jene anzweifeln, die andere als schwarze Schafe bezeichnen. Ist es möglich, daß sie selbst diese schwarzen Schafe sind? Denn es steht geschrieben, daß die Kräfte der Dunkelheit als Engel des Lichts erscheinen werden, und dies besonders in dieser Zeit, die prophezeit worden ist.

Was durch Nostradamus prophezeit worden ist, ist wahr. Wenn der Meister erscheint, wird er Satan genannt werden, so wie ER zu Seiner damaligen Zeit auf der Erde als Betrunkener und Hurenhändler bezeichnet worden ist, aber dies verändert weder Seine Aufgabe noch Seine Mission. Darum müßt ihr gerade jetzt auf diejenigen achtgeben, die andere Menschen als Schwindler und Hochstapler bezeichnen, was ihnen von der Astralwelt eingegeben wurde, denn wir brauchen nicht mit dem Finger auf jemanden zu zeigen, wenn wir die Wahrheit haben. Aber ein falscher Prophet wird dies tun, und ihr könnt euren Leuten folgendes sagen: Hütet euch vor den falschen Propheten, denn sie kommen wie die Wölfe in Schafspelzen, und unglücklicherweise denken einige tatsächlich, daß sie für die Kräfte des Lichts arbeiten. Arme, irregeführte Seelen! Sie unterstützen die Kräfte des Anti-Christus, indem sie Uneinigkeit und Zwist schüren. Diejenigen, die mit dem Christus-Licht arbeiten, brauchen nichts unter Beweis zu stellen. Ihre eigene Arbeit ist ihre Visitenkarte. 'An ihren Taten sollt ihr sie erkennen; an ihren Früchten sollt ihr sie erkennen.' Ist es nicht die Wahrheit? Ihr braucht es nicht von den Dächern auszurufen, wer ihr seid.

Sagt euren Leuten folgendes: Die Raum-Menschen sind dreidimensionale Wesen wie wir selbst. Sie sind kein Spuk. Sie sind Wesen von anderen Dimensionen, die mit der Raum-Konföderation zusammenarbeiten, aber sie kommen nicht in eure Wohnzimmer. Sie sind die Ratgeber aller Brüder des Raums, die eine physische Form haben. Wir haben vorher behauptet, daß alle Wesen des Raums nicht dreidimensional sind, und zwar sind jene Wesen, die um eure Erde herum mit Raumschiffen tätig sind und die ihr sehen, fühlen und berühren könnt, genau wie ihr dreidimensional. Gottes Universum ist in vollkommener Ordnung. Ihr seht diese Raumschiffe aus dem Grunde, weil die Leute aus den anderen Welten sie noch nötig haben und sie zur Fortbewegung und zum Reisen brauchen.

Ich spreche sehr nachdrücklich und kraftvoll, weil ich mich so fühle. Mich beunruhigt die ganze Situation sehr, die in den Vereinigten Staaten von Amerika stattfindet. Ich versichere euch, daß die New-Age-Arbeit in Europa und woanders, in Kanada, Australien und Neuseeland besser vorangeht als in den Vereinigten Staaten. Aufgrund welcher Feststellungen werden die Vereinigten Staaten ausgeklammert? Die Vereinigten Staaten werden bis auf wenige Gebiete im Gebirge der Ost- und Westküste untergehen. Einige Teile der vier Staaten

- Colorado, Utah, Arizona und Neu-Mexiko - werden erhalten bleiben. Doch wir wollen dies im Moment nicht weiterverfolgen. Die Vereinigten Staaten sind das Zentrum der negativsten Kräfte auf dem Planeten Erde. Sie müssen zusammenbrechen, denn das, wass ihr von Nostradamus gelesen habt, ist wahr. Die Kriegsherren, die 'Internationlen Bankiers', wollen die Vereinigten Nationen benutzen, um ihre Super-Regierung zu bilden. Dies wird nicht geschehen. In den Vereinigten Nationen gibt es keine Christus-Kräfte. Das heißt nicht, daß es dort nicht einige gute Menschen gibt. Aber die Organisation an sich ist ein Zentrum, das leichtgläubige Menschen benutzt. Ich sage, sie wird von Dämonen kontrolliert und muß untergehen. Der Meister hat gesagt, und es steht in den Korinther-Briefen unseres geliebten Paulus:'Alle Arten von Autorität und Macht müssen aufgehoben worden sein bevor Ich komme.' Und die Vereinten Nationen passen in diese Kategorie.

Jedermann möchte das Neue Zeitalter; aber sie möchten es als amerikanisches New Age oder als britisches New Age oder als kommunistisches New Age. Ich sage, daß a l l e Regierungsformen zusammenbrechen werden. Jeder Regierungssitz wird voll und ganz fallen. Jedes ökonomische System wird beseitigt werden. Alle Arten von Autorität, die unter der direkten Leitung und dem Schutz des Schwarzen Drachen stehen, werden zugrundegehen. Das ist eine wichtige Zeit. Es ist die Zeit, wo der Anti-Christ selbst erscheinen wird, aber auf ihn wird ein Meister folgen, vielleicht sogar als Wiederkommen des Christus. Es wird für die Menschen nicht einfach sein, zwischen dem Christus und dem Anti-Christus zu unterscheiden, weil beide als Engel des Lichts erscheinen werden. Beide werden von den Menschen geliebt werden. Viele der Erwählten und Auserwählten werden die falsche Wahl treffen. Nur die mit klarem Unterscheidungsvermögen werden erkennen.

Ein falscher Prophet kann aufgrund der Tatsache erkannt werden, daß er als erster den Stein wirft. Warum legt ein schwarzes Schaf die Kleidung eines weißen an, stürmt dann in die Schafsherde und ruft:'Oh, seht doch nur, da ist irgendwo ein schwarzes Schaf!' Damit will es die Aufmerksamkeit von sich selbst weglenken, damit alle Schafe sich gegenseitig ansehen, denn es hat Angst, daß sein vorgetäuschter Schafspelz herunterfällt und den Wolf freigibt.

Die nächsten sieben Jahre sind für die Welt von großer Bedeutung. Wir werden uns nicht erweichen lassen; wir wollen nicht sagen, daß mit der Zeit alles besser werden wird. Die Bibel sagt:'Habt acht, wenn sie von Frieden reden!' Die Dinge werden nicht besser sondern schlechter. Der endgültig wertlose Schwanz des sterbenden Schwarzen Drachens wird viel Zerstörung verursachen. Jene Menschen, die sagen, daß sie für die Christus-Kräfte arbeiten und den Botschaften der Propheten und des Christus folgen, drehen sich einfach um und sagen, daß alles in lieblicher Ordnung sei; sie glauben selbst nicht einmal an die Prophezeiungen, sie geben es nur vor.

Ist in der Bibel alles lieblich? Nur sehr wenig. Von der Genesis bis zur Offenbarung gibt es nichts als Blut. Die einzige strahlende Hoffnung darin - die ganzen Abschnitte hindurch bis zum Kommen des Messias - die einzige Hoffnung darin ist Seine Botschaft. Dies ist so, wie es sein soll. Das Buch der Offenbarungen ist alles andere als eine in Rosen gebettete Geschichte oder als eine Zeit des Spaziergangs mit dem Meister in elysischen Gebieten, der uns zum Festmahl geleitet. Doch das Ende wird wundervoll sein und über jeglichen Glauben hinausgehen.

Alle, die meinen, jetzt sei die Zeit, um sich einen Unterschlupf zu suchen, werden feststellen, daß ihre Verstecke ihnen auf den Kopf fallen werden. Alle, die sagen, daß es keine Zerstörung geben wird, sind weder bewußt noch können sie an die göttlichen Prophezeiungen glauben, die durch Jesus Christus und die heiligen Propheten aller Zeiten verkündet wurden. Wenn sie nicht glauben, daß es im Himmel einen Krieg geben wird, dann glauben sie nicht einmal ihrer eigenen Bibel in Kapitel 12 der Johannes-Offenbarung. Wenn sie nicht an das Gericht über die Menschen glauben und daran, daß Jesus Christus mit den Heiligen kommen wird, um dieses Gericht auf der Erde zu verkünden, dann glauben sie IHM nicht! Und Jesus hat gesagt:'Ihr seid für mich oder gegen mich!'

Dies sind kraftvolle Worte, aber ihr müßt sie auch glauben. Sie glauben nicht an das Buch von Hesekiel! Oder an das Buch von Jesajah! Sie glauben nicht den Worten Daniels! Sie glauben noch nicht einmal Jesus, wenn Er von dem Ende des Zeitalters spricht. Und wenn sie nicht an die Johannes-Offenbarung glauben, dann können sie die Ereignisse nicht akzeptieren, die jetzt stattfinden. Der großer Verführer, die Schlange, verleitet sie zur Schlaffheit, dazu, sich zu verstecken und den Kampf aufzugeben! Darum warnt sie! Sagt ihnen:'Liebe Christen-Brüder, macht von euch selbst eine Bestandsaufnahme und lest noch einmal dieses Buch, an das ihr angeblich glaubt. Wie könnt ihr an einen Teil dieses Buches glauben und zwei Drittel davon ignorieren?'

Laßt uns zusammen das 12. Kapitel der Offenbarung durchgehen.
Off. 12, 1:'Dann erschien ein großes Zeichen am Himmel: Eine Frau, mit der Sonne bekleidet; der Mond war unter ihren Füßen und ein Kranz von zwölf Sternen auf ihrem Haupt...'

Die Frau ist das Zeichen unseres eigenen Sonnensystems,

nicht der Erde, sondern des ganzen Systems. Die zwölf Sterne in ihrem Kranz sind die 12 Planeten; der Mond ist unter ihren Füßen. Warum sprechen sie von einem Mond und daß sie mit der Sonne bekleidet war? Das Sonnensystem wäre in die Sonne eingekleidet, ist es nicht so? Aber warum der Mond unter ihren Füßen? Die dunkle Seite der Nacht. Er steht für Dinge, die lunarer Natur sind:Wahnsinn, Dinge der Nacht, verborgene und geheime Dinge.

Off. 12,2:'Sie war schwanger und schrie vor Schmerz in ihren Geburtswehen...'

Jetzt wird das Sonnensystem ein Kind gebären. Was bedeutet das? Das Kind ist die Erdenwelt. Liegt das Sonnensystem nicht in schweren Geburtswehen für die Erde?

Off. 12, 3: 'Und es erschien ein anderes Zeichen am Himmel: ein Drache, groß und feuerrot, mit sieben Köpfen und zehn Hörnern und mit sieben Diademen auf seinen Köpfen...'

Hier haben wir wieder die Sieben und die Zehn. Die Zehn repräsentiert das 'Verborgene Reich'. Die Sieben waren die Könige, und der große, rote Drachen symbolisiert die negativen Kräfte. Sein Ebenbild auf der Erde, das große 'Biest' - der Anti-Christ - hatte auch die Sieben und die Zehn, ein genaues Ebenbild derselben Kraft. Der große, rote Drache kann auch großer, schwarzer Drache genannt werden, aber hier wird er der große, rote Drache genannt.

Off. 12, 4:'Sein Schwanz fegte ein Drittel der Sterne vom Himmel und warf sie auf die Erde herab.'

Der dritte Teil der Sterne ist eine ganz schöne Anzahl. In der Zeit, wo dies geschrieben wurde, waren etwa 2.000 Sterne mit bloßem Auge sichtbar - natürlich kann der Mensch immer noch so viele mit bloßem Auge sehen. Ein Drittel davon ergeben 650 bis 700. Das sind viele Sonnensysteme, nicht wahr? Was könnte es bedeuten außer ein Drittel der Sterne des Himmels? Der Schwanz des großen, roten Drachen symbolisiert den Zuständigkeitsbereich der reinen Macht, aber er bedeutet noch mehr. Es gibt schwarz, weiß und neutral. Man könnte sagen, daß dieser Schwanz die Nachfolger und Anhänger zu sein scheinen. Erinnert euch an das 'Schwarze, Weiße und Goldene'. Darum hat er die Schwarzen Kräfte hinter sich, nicht wahr? Sie sind ein Drittel der Sterne des Himmels.

Off. 12, 4: "...und warf sie auf die Erde herab.'
Was bedeutet dies? Ganz sicher, daß sie sich hier inkarniert haben müssen. Und indem sie auf die Erde geworfen wurden, sind sie nun zurückgekehrt; sie haben mit ihrem Feldzug als Anzahlung begonnen. Mit anderen Worten, diese Periode findet gerade statt. Dieses Kapitel steht für den gegenwärtigen Moment.

Off. 12, 4. :'Der Drache stand vor der Frau, die gebären sollte; er wollte ihr Kind verschlingen, sobald es geboren war.'

Der Drache will das Kind verschlingen. Mit anderen Worten, das Sonnensystem ist bereit, seinen letzten Sprößling in den Schoß der Familie zu bringen, ins Tribunal, in die Interplanetarische Bruderschaft, bevor es in diese Gruppe eingereiht wird.

Off. 12, 5:'Und sie gebar ein Kind, einen Sohn...'

Wird von der Erde nicht immer als Mutter Erde gesprochen? Was bedeutet nun diese Sohn-Situation? Die Erde, die eine 'sie' war, wird nun zum 'er'. Was bedeutet das männliche Kind, der Sohn? Er könnte eine Macht oder eine Kraft darstellen. Aber es repräsentiert auch das Göttliche der Erde, denn jene auf der Erde sind dazu bestimmt, andere Planetensysteme zu regieren. Euch ist gesagt worden, daß dies eine Schule für Götter ist - für Götter, von Göttern und durch Götter. Darum symbolisiert dieses männliche Kind die Göttlichkeit der Erdenkinder; und es soll von dem großen, roten Drachen verschlungen werden, bevor es seine göttliche Mission entdecken kann.

Off. 12, 5: "...der über alle Völker mit eisernem Zepter herrschen wird.'

Der Junge soll über alle Nationen, über alle planetarischen Systeme herrschen, vielleicht in diesem Teil der Galaxie, könnte das sein? Ihr werdet in eurer Heiligen Schrift des öfteren feststellen, daß das Wort 'Völker' sich nicht auf irdische Königreiche bezieht, sondern auf andere Welten; nicht immer aber sehr oft, besonders in den prophetischen Abschnitten. Aber was ist dieses eiserne Zepter? Es bedeutet nicht: mit Kraft, Herrschaft oder Diktatur. Das bedeutet es auf jeden Fall nicht!

Off. 12, 5: 'Und ihr Kind wurde zu Gott und zu seinem Thron entrückt.'

Das Kind wird zu Gott und seinem Thron entrückt. Wo ist der Thron, und wo ist Gott? Auf dem Sirius. Bedeutet es, daß die Erde buchstäblich auf den Sirius emporgehoben wird? Nein. Aber einige wenige Kinder werden dorthin entrückt werden.

Off. 12, 6: 'Die Frau aber floh in die Wüste...'

Die Erde flieht in die Wüste - das Sonnensystem. Könnte dies nicht das magnetische Feld der noch unentwickelten Sonne sein - die Wüste?

Off. 12, 6: '...wo Gott ihr einen Zufluchtsort geschaffen hatte...'
Ja, er ist in der Tat vorbereitet!

Off. 12, 6: '...dort wird man sie mit Nahrung versorgen 1260 Tage lang.'

Wie lange ist dies? Es sind dreieinhalb Jahre. Wenn wir die drei und ein halbes Jahr von jetzt an rechnen (1956), kommen wir auf 1960 - das Jahr der Wende vielleicht.

Off. 12, 7: 'Da entbrannte im Himmel ein Kampf; Michael und seine Engel erhoben sich, um mit dem Drachen zu kämpfen...'

Michael und seine Engel beziehen sich auf die Bewohner der

anderen Welten hinter der Corona der Sonne. Was ist das Wesen der Sonne? Es ist natürlich nicht kalt im Sinne von Temperaturgraden, auch ist die Sonne kein Flammenkörper. Was liegt hinter der Sonnencorona, was noch kein Mensch gesehen hat? Was denkt ihr, ist ihre wahre Natur? Sie ist ein kühler Körper. Was liegt hinter ihr? Planeten. Alles in des Vaters Reich ist vielfältig. Studiert den Bau eines Atoms. Es gibt so viele Elektkronen wie Protonen in jedem. Wenn ihr zwölf Planeten ohne Kern habt, ist die Sonne der Nukleus; zwölf Planeten sind die Elektronen, und in dem Nukleus sind die Protonen.

Zwölf Neutronen. Wenn wir von dem bestehenden System sprechen, bedeuten sie was? Die zwölf Körper hinter der Oberfläche der Corona: Die Sonne setzt sich aus zwölf Körpern zusammen, und ihre Rotationen bringen den eigenartigen elfjährigen Sonnenflecken-Zyklus hervor. Aber die Bewohner, und es gibt Bewohner auf der Sonne - sind von denen auf der Erde verschieden. Ich könnte jetzt nicht damit anfangen, das Leben dort zu erklären. Aber es sind Welten. Leben existiert nicht in brennendem Gas. Diese Wesen sind sogenannte Engel. Michael und seine Legionen - die Erzengel - sind alle Sonnenbewohner. Warum gibt es nur sieben Erzengel? Weil es nur sieben heilige Planeten bei den Alten gab. Doch, daß sie nicht die vollständige Gesamtansicht hatten, bedeutet nicht, daß es nicht noch mehr gab. Die wahren alten Weisen wußten, daß es noch mehrere gab. So wie es zwölf astrologische Zeichen gibt, so gibt es auch zwölf Erzengel.

Off. 12, 7-8: 'Der Drache und seine Engel kämpften, aber sie konnten sich nicht halten, und sie verloren ihren Platz im Himmel.'

Und jetzt entfaltet sich das Bild. Der große, rote Drachen konnte sich nicht halten. Was bedeutet dieser Krieg im Himmel? Werden wir mit unseren Raumraketen schießen? Welcher Art wird dieser Krieg sein? Es wird ein Streit sein zwischen dem Materialismus, der sich auf der mentalen Ebene ausdrückt, und der spirituellen Entwicklung, die sich ebenfalls auf der Verstandesebene ausdrückt. Es wird ein Kampf der Intellekte sein, und er tobt jetzt überall um euch herum. Warum haben wir von den 'Golden Behelmten' gesprochen? Der goldene Helm ist nicht dafür da, Pfeile oder Wurfgeschosse abzuhalten. Was bedeutet der Goldene Helm auf dem Kopf? Warum wird dieser eigenartige Helm bei den alten Azteken-Idolen gefunden, warum überall in Mexiko?

Off. 12, 9: 'Er wurde gestürzt, der große Drache, die alte Schlange, die Teufel oder Satan heißt und die ganze Welt verführt...'

Hier haben wir den springenden Punkt der ganzen Angelegenheit. Die alte Schlange; die Rückkehr der Naga-Menschen, der Atlantiden, der Schlangenmenschen, nicht wahr? Was bedeutet der 'Teufel' oder Satan?

Off. 12, 9: 'Er wurde gestürzt, der große Drache, die alte Schlange, die Teufel oder Satan heißt...'

Der große Drache: aufgeteilt in drei große Dinge, die aber als gleichbedeutend angesehen worden sind. Der Drache, der Teufel und die Schlange sind als eines erkannt worden. Was ist der Garten? Ist er ein kleines Stück Land auf der Erdoberfläche, oder ist er die gesamte Schöpfung - dieser Garten Erde? Ganz sicher ist er die Schöpfung.

Der Drache ist die Organisation, die von den 'Schwarzen' Kräften unterstützt wird. Sie wird zerstört werden. Die Schlange bedeutet die Rasse der Schlangenmenschen - die Bewohner von Atlantis kommen zurück, wie sie es versprochen haben, als sie die Erde verließen; sie kehren zurück, um sie wieder zu bewohnen.

Was ist nun der Teufel? Im Englischen heißt er 'devil'. Rückwärts buchstabiert und gelesen heißt es, das was lebt:'lived'! Es gibt keinen Teufel an sich. Jeder Mensch ist sein eigener Teufel, das niedrige Selbst, das geistlose Primitive in jedem Menschen. Devil-lived (Teufel-Leben); evil - live (böse - leben). 'Evil' (böse, schlecht) rückwärts gelesen heißt 'live' (leben oder Leben haben). Leben heißt, den 'Weißen' Kräften zu

devil - lived
evil - live

dienen; den 'Schwarzen' Kräften oder dem Teufel zu dienen, bedeutet zu sterben.

Off. 12, 9: '...oder Satan heißt und die ganze Welt verführt.'

Und was bedeutet Satan? Rückwärts gelesen heißt es 'Natas' oder 'Nagas'.

Off. 12, 9: '..der Drache wurde auf die Erde gestürzt, und mit ihm wurden seine Engel hinabgeworfen.'

Das scheint zu bedeuten, daß ein bestimmter Anführer dieser Gruppe von Schlangenmenschen mit seiner Kohorte kommen wird. Er ist schon gekommen, und zwar in Gestalt des kommunistischen Rußland, von denen Marx und Lenin die Hauptanführer waren.

Off. 12, 10: 'Da hörte ich eine laute Stimme im Himmel rufen: Jetzt ist er da, der rettende Sieg, die Macht und die Herrschaft unseres Gottes...'

Die laute Stimme vom Himmel ist der Aufruf der Universalen Raum-Konföderation, die von den 'Weißen' Kräften unterstützt wird.

Off. 12, 10: '...und die Vollmacht seines Gesalbten; denn gestürzt wurde der Ankläger unserer Brüder, der sie bei Tag und bei Nacht vor unserem Gott verklagte.'

Das erklärt sich doch sicher selbst, oder?

Off. 12, 11: 'Sie haben ihn besiegt durch das Blut des Lammes und durch ihr Wort und Zeugnis; sie hielten ihr Leben nicht fest, bis hinein in den Tod.'

Was ist das Blut des Lammes? Vielleicht das Leben des Lammes.

Off. 12, 12: 'Darum jubelt ihr Himmel und alle, die darin wohnen.'

Ist dies nicht bezeichnend, denn dies ist kein Hinweis auf ein amorphes Engelwesen. 'Jubelt ihr Himmel und alle, die darin wohnen' - eine direkte Erklärung für anderes planetarisches Leben.

Off. 12, 12-13: 'Wehe aber, dir Erde und dir, o Meer! Denn der Teufel ist zu euch herabgekommen; seine Wut ist groß, weil er weiß, daß ihm nur noch eine kurze Frist bleibt. Als der Drache erkannte, daß er auf die Erde gestürzt war, verfolgte er die Frau, die den Sohn geboren hatte.'

In der Gestalt eures 'Verborgenen Reiches', Das wird der Zorn des Bösen sein auf der Erdoberfläche.

Off. 12, 14: 'Aber der Frau wurden die beiden Flügel des großen Adlers gegeben, damit sie in die Wüste an ihren Ort fliegen konnte...'

Wie seltsam! Zwei Flügel eines großen Adlers! Was bedeutet dies, was in der Heiligen Schrift gesagt wird: Ihr werdet entrückt oder emporgehoben werden. Ihr werdet am Platz der Adler zusammentreffen. Es bezieht sich auf Raumschiffe. Doch dies bedeutet nicht, daß die Frau oder das Sonnensystem hinweggenommen wird. Zwei Flügel, die das Fliegen andeuten, mögen vielleicht auf das Erlangen des Theta-Universums hinauslaufen. Die zwei Flügel des Adlers ergeben im Flug den Buchstaben 'L'.

Off. 12, 14: 'Dort ist sie vor der Schlange sicher und wird eine Zeit und zwei Zeiten und eine halbe Zeit lang ernährt.'

Ah! Und hier haben wir das Rätsel, das den Menschen schon immer verwirrt hat! Was ist eine Zeit und zwei Zeiten und eine halbe Zeit? 'Zeit' ist eine Periode, und 'Zeiten' sind der Plural dieser Periode. Angenommen, sie wäre ein Jahr, dann wären zwei Zeiten zwei Jahre, und eine halbe Zeit wäre ein halbes Jahr; das macht zusammen dreieinhalb Jahre oder drei

Dimensionen plus - drei Dimensionen und darüber hinaus.

Off. 12, 15: 'Die Schlange spie einen Strom von Wasser aus ihrem Rachen, damit sie von den Fluten fortgerissen werde.'

Damit ist natürlich nicht das Wasser im herkömmlichen Sinne gemeint. In seinen verschiedenen Aspekten symbolisiert das Wasser Schwäche und Negatives, Reinigung, mentale Entwicklungsmöglichkeit und in einigen Fällen Leben oder vitale Energie.

Off. 12, 16: 'Aber die Erde kam der Frau zu Hilfe; sie öffnete sich und verschlang den Strom, den der Drache aus seinem Rachen gespien hatte.'

Wie die Bezeichnungen wechseln! Für eine Minute ist es eine Schlange, und in der nächsten ein Drache, dann ein Teufel, dann Satan.

Off. 12, 17: 'Da geriet der Drache in Zorn über die Frau, und er ging fort, um Krieg zu führen mit ihren übrigen Nachkommen, die den Geboten Gottes gehorchen und an dem Zeugnis für Jesus festhalten.'

Jetzt ist es wieder ein Drache! Jede einzelne Bezeichnung wird mit einer besonderen Bedeutung benutzt. Eine kennzeichnet die 'unheilige Sechs', die mit den 'Schwarzen' zusammenarbeiten; die andere die Aktivitäten der 'Schwarzen' auf der Erde oder ihre Repräsentative, das 'Verborgene Reich'. Die andere Bezeichnung symbolisiert die Kraft hinter diesen Dingen. Ein Teufel, ein Drache - der Drache an sich ist symbolisch und wird immer dann benutzt, wo sie von dem Drachen sprechen, der den Krieg im Himmel ausfechtet. Und er führt Krieg mit ihren Nachkommen. Wer sind die 'Nachkommen' des Sonnensystems? Wer sind die 'übriggebliebenen Nachkommen' des Sonnensystems? - Es sind Menschen, oder? Mit anderen Worten, wir haben einen Krieg der Systeme. Wir von diesem System werden von denen des Orion angegriffen. Darum bereiten die Bewohner des Sonnensystems und auch die Bewohner anderer Welten - es sind jeweils zwölf - diesen Krieg im Himmel vor, der jetzt beginnt und die folgenden dreieinhalb Jahre andauert, was auch den 'dreieinhalb Zeiten' entspricht.

MEISTER KUTHUMI

Der erste Teil dieser Botschaft richtet sich an diejenigen, die im Lichte dienen. Bald wird jeder von euch, der in diesem Lichte dient, eine Art der Reinigung erfahren. Aber kümmert euch nicht darum. Und wenn es so sein sollte, möchte ich, daß ihr einen bestimmten Abschnitt aus dem Evangelium des Heiligen Markus als Hinweis und Überprüfung benutzt.

Markus 13, 9 - 20:'Ihr aber, macht euch darauf gefaßt: Man wird euch um meinetwillen vor die Gerichte bringen, in den Synagogen mißhandeln und vor Statthalter und Könige stellen, damit ihr vor ihnen Zeugnis ablegt. Vor dem Ende aber muß allen Völkern das Evangelium verkündet werden. Und wenn man euch abführt und vor Gericht stellt, dann macht euch nicht im voraus Sorgen, was ihr sagen sollt; sondern was euch in jener Stunde eingegeben wird, das sagt! Denn nicht ihr werdet dann reden, sondern der Heilige Geist. Brüder werden einander dem Tod ausliefern und Väter ihre Kinder, und die Kinder werden sich gegen ihre Eltern auflehnen und sie in den Tod schicken. Und ihr werdet um meines Namens willen von allen gehaßt werden; wer aber bis zum Ende standhaft bleibt, der wird gerettet. Wenn ihr aber den unheilvollen Greuel an dem Ort seht, wo er nicht stehen darf - der Leser begreife -, dann sollen die Bewohner von Judäa in die Berge fliehen; wer gerade auf dem Dach ist, soll nicht hinabsteigen und ins Haus gehen, um etwas mitzunehmen; wer auf dem Felde ist, soll nicht zurückkehren, um seinen Mantel zu holen. Weh aber den Frauen, die in jenen Tagen schwanger sind oder ein Kind stillen. Betet darum, daß dies alles nicht im Winter eintritt. Denn jene Tage werden eine Not bringen, wie es noch nie eine gegeben hat, seit Gott die Welt erschuf, und wie es auch keine mehr geben wird. Und wenn der Herr diese Zeit nicht verkürzen würde, dann würde kein Mensch gerettet; aber um seiner Auserwählten Willen hat er diese Zeit verkürzt.'

Sie sagen, daß so etwas voraussichtlich nicht eintreffen wird. Sie sagen auch, daß es keine Kriege und keine Katastrophe geben wird. Alles ist Frieden; alles ist Liebe. Aber was ist mit der Botschaft in Christus' eigenen Worten, die von Markus wiedergegeben wurde? Es sind wahre Worte, denn Markus vernahm sie persönlich. Denn sie **werden** euch ausliefern.

Off. 3, 14 - 16: 'An den Engel der Gemeinde in Laodizea schreibe: So spricht Er, der 'Amen' heißt, der treue und zuverlässige Zeuge, der Anfang der Schöpfung Gottes: Ich kenne deine Werke. Du bist weder kalt noch heiß. Wärest du doch kalt oder heiß! Weil du aber lau bist, weder heiß noch kalt, will ich dich aus meinem Munde ausspeien.'

Er sagt wieder: So spricht der Meister. In der neuen Bibelfassung heißt es: 'Ich werde mit euch abrechnen.' Er hätte euch eher völlig gleichgültig und interesselos gegenüber Seinem Wort als lauwarm, weil ihr die Wahrheit kennt, sie aber nicht anwendet. Wenn ihr kalt wäret, würdet ihr die Tatsachen ignorieren! 'Wärest du doch kalt oder heiß, aber nicht lauwarm!' Lauwarme Christen werden aus dem Munde der Älteren Brüder und des Vaters ausgespien.

Sagt ihnen: 'Wo ist euer Vertrauen, wenn ihr nicht an Seine Versprechungen glaubt? Wenn wir Seine Kinder, ja sogar Seine Söhne sind, wird Er dann nicht bei uns sein? Ihr lauwarmen Christen, nehmt euch in acht!

Off. 3, 17: 'Du behauptest: Ich bin reich und wohlhabend, und nichts fehlt mir. Du weißt aber nicht, daß gerade du elend und erbärmlich bist, arm, blind und nackt...'

'Ja, ich bin ein guter Christ. Ich gehe jeden Sonntag in die Kirche. In 25 Jahren habe ich nicht einen Sonntag ausgelassen. Siehst du dort oben die Füllung im Kirchenfenster - die neue Milchglas-Füllung - die habe ich für die Kirche gespendet. Ich spende für den Missionsfond, den Aufbaufond, für Krankenhäuser und Waisen. Ich bin reich; ich besitze viel. Ich bin ein Christ, aber ich glaube nicht an die Versprechen Gottes. Ich glaube noch nicht einmal an ein Ewiges Leben. Ich zweifle es manchmal an; tatsächlich zweifle ich ganz oft daran. Ich mag nicht an den Tod denken, weil ich wirklich nicht an ein Ewiges Leben glaube. Ich sorge mich um meine Krankheiten und Schwierigkeiten, aber ich übergebe sie nicht dem Vater, der versprochen hat, alles zu tun und auf alle aufzupassen. Ich habe nicht das Vertrauen.' Wie oft hören wir so etwas von guten Christen!

Off. 3, 18 - 22: 'Darum rate ich dir; Kaufe von mir Gold, das im Feuer geläutert ist, damit du reich wirst; und kaufe von mir weiße Kleider, und zieh sie an, damit du nicht nackt dastehst und dich schämen mußt; und kaufe Salbe für deine Augen, damit du sehen kannst. Wen ich liebe, den weise ich zurecht, nehme ihn in Zucht. Mach also Ernst, und kehr um! Ich stehe vor der Tür und klopfe an. Wer meine Stimme hört und die Tür öffnet, bei dem werde ich eintreten, und wir werden Mahl halten, ich mit ihm, und er mit mir. Wer siegt, der darf mit mir auf meinem Thron sitzen, so wie auch ich gesiegt habe und mich mit meinem Vater auf seinen Thron gesetzt habe. Wer Ohren hat, der höre, was der Geist den Gemeinden sagt.'

Ja, wer Ohren hat! Sagt euren Leuten, daß die Botschaft so lautet: Wer Ohren hat, der möge zuhören. Lauwarme Buddhisten, lauwarme Moslems, lauwarme Christen; der Meister steht vor der Tür und klopft an. Es ist Zeit, daß wir unsere Lauheit vergessen. Seid entweder kalt oder heiß, aber wählt das eine oder das andere!

Jetzt ist die Zeit der Revolution. Es ist die Zeit für jene, die reinen Herzens aufstehen und die dunklen Kräfte auf der Erde zum Schweigen bringen. Dies ist weder die Zeit, nutzlos in Kirchen herumzuhängen noch sich in weltlichen Kreisen zu bewegen oder sich in der Kirche um die Gunst der Damen zu sorgen. Geht ins Feuer, ihr Christen! Denn die negativen 'schwarzen' Kräfte täuschen euch! Wacht auf oder ihr werdet aus des Meister's Mund ausgespien.

Wieder einmal bin ich auf meiner feurigen Tour. Es amüsiert mich, daß die Leute dies nicht als Meister Kuthumi aufnehmen können, weil ich eigentlich ein verrückter Mönch sein sollte, der auf seinem Nagelbrett am Straßenrand hockt und die Sonne betrachtet. Sie glauben, daß ich von Zeit zu Zeit aus Shigatse etwa folgende Erklärungen abgeben müßte:'In dem 1000-blättrigen Lotos wohnt alle Weisheit: Gott ist Liebe; Gott ist Friede.' Nein! Jetzt ist für alle Meister und Leute die Zeit zum Handeln und nicht zum Meditieren!

Dies ist die Endzeit, von der Christus sprach. Er war ein Mann der Tat! Als er vor dem Grab des Lazarus stand, rief er: 'Komm heraus! Ich befehle es dir! Im Namen des Vaters!' Das Lauwarme kommt nicht vom Vater. Seid stark! Erkennt, in wem ihr sprecht und in wem ihr seid, und erkennt die **wahre Kirche Christi**, die Sein Mystischer Körper ist.

Wenn ihr irgendwann einmal ausgeliefert werdet, in diesem Leben oder erst in Millionen Leben, denkt nicht darüber nach, was ihr sagen werdet. Aber wenn ihr außerhalb des Vaters und außerhalb eures eigenen Willens sprechen müßt, sagt, daß ihr eine Mission auf der Erde habt, daß ihr niemanden getäuscht habt, weder ein Land noch eine Sache. Ihr dient nur dem wahren Schöpfer. Sagt ihnen, daß ihr niemandem außer Ihm für eure Taten verantwortlich seid. Und sie werden erwidern:'Führt ihn ab und kreuzigt ihn' - so wie sie es bei Jesus taten - 'wegen dieser Gotteslästerung', und weil ihr euch selbst einen Sohn Gottes nennt. Diese armen Irren wissen nicht, daß sie selbst auch Gottes Söhne sind.

Laßt uns ein paar bestimmte Abschnitte der Bibel durchgehen.

1 Korinther 12, 1-31: 'Auch über die Gaben des Geistes möchte ich euch nicht in Unkenntnis lassen, meine Brüder. Als ihr noch Heiden wart, zog es euch, wie ihr wißt, mit unwiderstehlicher Gewalt zu den stummen Götzen. Darum erkläre ich euch: Keiner, der aus dem Geist Gottes redet, sagt: Jesus sei verflucht! Und keiner kann sagen: Jesus ist der Herr!, wenn er nicht aus dem Heiligen Geist redet. Es gibt verschiedene Gnadengaben, aber nur den einen Geist. Es gibt verschiedene Dienste, aber nur den einen Herrn. Es gibt verschiedene Kräfte, die wirken, aber nur den einen Gott: Er bewirkt alles in allen. Jedem aber wird die Offenbarung des Geistes geschenkt, damit sie anderen nützt. Dem einen wird vom Geist die Gabe geschenkt, Weisheit mitzuteilen, dem anderen durch den gleichen Geist die Gabe, Erkenntnis zu vermitteln, dem dritten im gleichen Geist Glaubenskraft, einem andern - immer in dem einen Geist - die Gabe, Krankheiten zu heilen, einem anderen Wunderkräfte, einem anderen prophetische Reden, einem andern die Fähigkeit, die Geister zu unterscheiden, wieder einem andern verschiedene Arten von Zungenrede, einem andern schließlich die Gabe, sie zu deuten. Das alles bewirkt ein und derselbe Geist; einem jeden teilt er seine besondere Gabe zu, wie er will. Denn wie der Leib eine Einheit ist, doch viele Glieder hat, alle Glieder des Leibes aber, obgleich es viele sind, einen einzigen Leib bilden; so ist es auch mit Christus. Durch den einen Geist wurden wir in der Taufe alle in einen einzigen Leib aufgenommen, Juden und Griechen, Sklaven und Freie; und alle wurden wir mit dem einen Geist durchtränkt. Auch der Leib besteht nicht nur aus einem Glied, sondern aus vielen Gliedern.

Wenn der Fuß sagt: Ich bin keine Hand, ich gehöre nicht zum Leib! so gehört er doch zum Leib. Und wenn das Ohr sagt: Ich bin kein Auge, ich gehöre nicht zum Leib! so gehört es doch zum Leib. Wenn der ganze Leib nur Auge wäre, wo bliebe dann das Gehör? Wenn er nur Gehör wäre, wo bliebe dann der Geruchssinn? Nun aber hat Gott jedes einzelne Glied so in den Leib eingefügt, wie es seiner Absicht entsprach. Wären alle zusammen nur **ein** Glied, wo bliebe dann der Leib? So aber gibt es viele Glieder und doch nur einen Leib. Das Auge kann nicht zur Hand sagen: Ich bin nicht auf dich angewiesen. Der Kopf kann nicht zu den Füßen sagen: Ich brauche euch nicht. Im Gegenteil, gerade die schwächer scheinenden Glieder des Leibes sind unentbehrlich. Denen, die wir als weniger edel ansehen, erweisen wir um so mehr Ehre, und unseren weniger anständigen Gliedern begegnen wir mit mehr Anstand, während die anständigen das nicht nötig haben. Gott aber hat den Leib so zusammengefügt, daß er dem geringsten Glied mehr Ehre zukommen ließ, damit im Leib kein Zwiespalt entstehe, sondern alle Glieder einträchtig füreinander sorgen. Wenn darum ein Glied leidet, leiden alle Glieder mit; wenn ein Glied geehrt wird, freuen sich alle anderen mit ihm. Ihr aber seid der Leib Christi, und jeder einzelne ist ein Glied an ihm. So hat Gott in der Kirche die einen als Apostel eingesetzt, die anderen als Propheten, die dritten als Lehrer; ferner verlieh er die Kraft, Wunder zu tun, sodann die Gaben, Krankheiten zu heilen, zu helfen, zu leiten, endlich die verschiedenen Arten von Zungenrede. Sind etwa alle Apostel, alle Propheten, alle Lehrer? Haben alle die Kraft, Wunder zu tun? Besitzen alle die Gabe, Krankheiten zu heilen? Reden alle in Zungen? Können alle solches Reden auslegen? Strebt aber nach den höheren Gnadengaben. Ich zeige euch jetzt noch einen anderen Weg, einen, der alles übersteigt...'

Dies ist ein kraftvolles Kapitel, das wieder das wundervolle Symbol der Zwölf enthält. Die einzelnen Körperteile auf der Erde befinden sich seit Tausenden von Jahren im Konflikt miteinander, nicht wahr? Die eine Hand weiß nicht, was die andere tut. Die Füße gehen dorthin, wohin sie der Kopf nicht führt. Sie sind im Widerstreit miteinander. Und wenn wir von dem einen Körper in Christus sprechen, meinen wir alle Seine Kinder, alle Schafe Seiner Herde auf dem Planeten Erde.

Aber die Zeiten ändern sich, und dieser Konflikt wird nicht

länger bestehen. Wir werden zur Vollkommenheit geführt in dem einen Körper der Christusschwingung. Wenn ein einzelner Teil nicht in Harmonie mit dem anderen ist, sondern außerhalb des kosmischen Rhythmus', gibt es Unstimmigkeit und Konflikte, und das ist die Basis für individuelle Krankheiten.

Dieses Kapitel spricht von den Gaben des Geistes unseres Ewigen Vaters. Einige werden in fremden Sprachen reden: 'Isha malai tai tou'. Einige werden diese Worte deuten. Ich sage z. B.: 'Aus der Ewigen Flamme kommt die ganze Weisheit.' So wird in fremden Sprachen geredet werden, und einige werden diese übersetzen können. Es wird Propheten und Apostel geben. Es wird Weisheit und Wissen geben. Weisheit bedeutet nicht Wissen, und Wissen ist nicht Weisheit. Aufgrund eures Wissens allein werdet ihr nicht weise.

Mein nächstes Zitat entnehme ich dem letzten Kapitel von Maleachi, dem letzten Buch des Alten Testaments.

Maleachi 4, 1 - 6 (oder 3; 19 - 24): 'Denn seht, der Tag kommt, er brennt wie ein Ofen: Da werden alle Überheblichen und Frevler zu Spreu, und der Tag, der kommt, wird sie verbrennen, spricht der Herr der Heere. Weder Wurzel noch Zweig wird ihnen bleiben. Für euch aber, die ihr meinen Namen fürchtet, wird die Sonne der Gerechtigkeit aufgehen, und ihre Flügel bringen Heilung. Ihr werdet hinausgehen und Freudensprünge machen, wie Kälber, die aus dem Stall kommen. An dem Tag, den ich herbeiführe, werdet ihr die Ruchlosen unter euren Fußsohlen zertreten, so daß sie zu Asche werden, spricht der Herr der Heere. Denkt an das Gesetz meines Knechtes Mose; am Horeb habe ich ihm Satzung und Recht übergeben, die für ganz Israel gelten. Bevor aber der Tag des Herrn kommt, der große und furchtbare Tag, seht, da sende ich zu euch den Propheten Elija. Er wird das Herz der Väter wieder den Söhnen zuwenden und das Herz der Söhne ihren Vätern, damit ich nicht kommen und das Land dem Untergang weihen muß.

Ist dies nicht ein schönes Kapitel? Elija kommt noch vor dem großen und furchtbaren Tag des Herrn. Johannes der Täufer kommt. Steht es nicht so geschrieben? Jetzt lest noch einmal von der Sonne der Gerechtigkeit, denn es ist ein wichtiger Vers.

Maleachi 4; 2 (oder 3; 20): 'Für euch aber, die ihr meinen Namen fürchtet, wird die Sonne der Gerechtigkeit aufgehen, und ihre Flügel bringen Heilung.'

Unsere Botschaft richtet sich an die Übriggebliebenen, an die Auserwählten, an niemanden anderen. Nach der Zeit des Leids und der Gründung des Tausendjährigen Reiches auf der Erde werden einige sagen: 'Wie werde ich in dieser Zeit zu meinem Herrn passen? Ich habe keine Beine; ich bin im letzten Stadium von Krebs.' Wir sprechen von den körperlich negativen Bedingungen, aber die Menschen auf der Welt möchten es wissen, und sie haben ein Recht auf die Antwort.

Die Sonne der Gerechtigkeit wird mit Heilkraft in ihren Flügeln aufgehen. Darum wird es bei Seiner zweiten Ankunft für alle Überlebenden Göttliche Heilung geben. Es wird von dem Tag gesprochen, der wie ein Ofen sein wird, und zwar für diejenigen, die von der Erde entfernt und wie Spreu verbrannt werden; und der Rest wird über die Spreu gehen, und die Asche wird der Boden unter ihren Füßen sein. Und jene, die andere Menschen physisch, mental oder geistig versklaven wollen, werden in die Dunkelheit zurückkehren, aus der sie gekommen sind; und ihre Seelen werden für einen neuen Zyklus woanders hingehen müssen, um sich ausdrücken zu können. Aber erinnert euch, die Sonne der Gerechtigkeit geht auf mit Heilkräften in ihren Flügeln! Sie ist gerade jetzt im Kommen.

Sprüche 3; 8: 'Das wird deinem Nabel heilsam sein und deine Gebeine erquicken.' (Anm. d. Übersetzers: 'Nabel' ist in einigen Bibelübersetzungen mit 'Leib' oder 'Gesundheit' angegeben)

Was bedeutet dieser seltsame Vers? Was ist im Namen von allem, was heilig ist, heilsam für deinen Nabel oder Medizin für deinen Nabel? - es kann auch als Medizin übersetzt werden. -

Der Nabel ist der Bereich des Solar Plexus, des Sonnengeflechts. Und was ist der Solar Plexus? Er ist eine Art Gehirn in der Bauchgegend. Er ist auch das Zentrum eines Chakras. Dies ist eine der vitalsten Regionen, denn wir haben in der heutigen Welt so viele emotionelle Unstimmigkeiten und Bedingungen. Zum größten Teil wird dieser Solar Plexus von mentalen Umständen beeinflußt. Die mentale Angespanntheit ist heutzutage die Ursache von Krebs und Gallenblasenleiden. Es besteht keine Ausgewogenheit. An diesem Punkt, in diesem Chakra, befindet sich ein starker Strudel, der viele heilsame Schwingungen oder Strahlen von außen hereinbringt. Jetzt wird es für euren Nabel oder Solar Plexus heilsam oder Medizin sein, und für eure Knochen das lebenswichtige Mark.

Was für eine neue Schwingung ist dies jetzt, in die die Erde eintritt, diese neue Dimension von Zeit und Raum? Ihre Auswirkungen werden hauptsächlich durch den Solar-Plexus wahrgenommen. Aber es geschieht nicht vor Seinem zweiten Erscheinen. Dann die Heilkräft in ihren Flügeln: Es ist Medizin für euren Solar Plexus. Diese neue Bedingung kann nichts anderes als heilen, säubern und reinigen, und zwar bei dem Rest der Menschheit, der überlebt hat. Das wird ihre Erbschaft sein: vollkommene Gesundheit und Beseitigung aller Krankheiten. Wenn Er erst einmal in Sein Königreich kommt und jene nimmt, die unter Ihm selbst zu Ihm gehören, dann wird diese Schwingung ihre eigene Arbeit leisten.

Markus 16; 17 - 18: 'Und durch die, die zum Glauben gekommen sind, werden folgende Zeichen geschehen: In meinem Namen werden sie Dämonen austreiben; sie werden in neuen Sprachen reden; wenn sie Schlangen anfassen oder tödliches Gift trinken, wird es ihnen nicht schaden; und die Kranken, denen sie die Hände auflegen, werden gesund werden.'

Was bedeutet hier die Anspielung auf Schlangen? Es ist ein Versprechen. Die Bibel ist voll mit Gottes Versprechen. Wie Markus schreibt, ist dies ein Versprechen, daß sie ohne Schaden Schlangen anfassen und jedes tödliche Gift trinken können. Jetzt sagt euren Leuten, daß ich folgendes sage: Sie gehen sonntags in die Kirche, und sie glauben am Sonntag an das Weiterleben nach dem Tode; und sie glauben sonntags an göttliche Heilung und Wunder; sie glauben an Christus, der auf dem Wasser ging, die Kranken heilte und Tote erweckte, und der selbst von den Toten auferstanden war. Daran glauben sie am Sonntag, aber für den Rest der Woche entfernen sie diesen Deckmantel des Glaubens und haben große Angst, keinen Glauben und nur ein sehr schwaches Vertrauen. Und dies ist eine Verheißung Gottes: Wir glauben oder wir glauben es nicht. Gott sagt die Wahrheit oder Gott ist ein Lügner! Er hat uns gelobt, daß wir Schlangen aufheben und jedes tödliche Gift trinken können, und es wird uns nichts anhaben. So sei es.

Aber es ist nicht an uns, Gott zu versuchen! Wenn wir zufällig auf eine Schlange treffen oder zufällig von jemandem Gift zu trinken bekommen, der uns umbringen will, werden wir geschützt sein! Aber versucht den Vater nicht!

Lukas 10; 19: 'Seht, ich habe euch die Vollmacht gegeben, auf Schlangen und Skorpione zu treten und die ganze Macht des Feindes zu überwinden. Nichts wird euch schaden können.'

Wieder das Gelöbnis des Vaters! Wir können auf Schlangen und Skorpione treten. Er gibt uns die Kraft. Und Sein weiteres Versprechen der Macht über den Feind - der der Anti-Christ ist - den wir in den Internationalen Bankiers und den anderen erkennen, die den Menschen auf der Erde versuchen wollen; sie sind die negativen 'Schwarzen' Kräfte. Gott sagt, ich will euch die Macht über alles geben.

Und schließlich: überhaupt nichts wird euch schaden oder verletzen können. Gar nichts! Dieses Versprechen wird von den Fundamentalisten und den anderen übersehen, die göttliches Heilen und andere sogenannte Wunder des Unermeßlichen Vaters verleugnen. Gott gelobt dies den Menschen, die erhalten bleiben - nicht den 'Schwarzen' Kräften, sondern

Seinen eigenen Kindern - daß nichts, aber auch gar nichts, ihnen schaden wird. Warum haben sie dann Angst? Warum ducken sie sich dann ängstlich von Montag bis Samstag, und am Sonntag glauben sie?

Off. 22; 2: 'Zwischen der Straße der Stadt und dem Strom, hüben und drüben, stehen Bäume des Lebens. Zwölfmal tragen sie Früchte, jeden Monat einmal; und die Blätter der Bäume dienen zur Heilung der Völker.'

Was für ein Baum ist dies? Weit wichtiger als die Heilung eines Einzelnen ist die Heilung der Völker, und damit sind hier nicht nur die Völker auf der Erde gemeint. 'Völker' bedeutet in Michaels Worten: andere Welten, die Heilung der zwölf Welten in diesem System, damit die widerspenstige Erde zurück in das Interplanetarische Tribunal, die Interplanetarische Bruderschaft, gebracht werden kann.

Wenn wir von Gesundheit und Heilen sprechen, meinen wir nicht nur den einzelnen Menschen mit seiner Gicht, seinen Zahnschmerzen und seinem Krebs; wir meinen die Nationen der Völker, die ebenfalls krebsartig, krank, degeneriert und sterbend sind. Darum ist es in dem letzten Buch der Heiligen Schrift ein Versprechen Gottes, daß die Völker geheilt werden, wenn darin gesagt wird: '...und die Blätter der Bäume dienen zur Heilung der Völker.

Was bedeuten nun die zwölf Früchte? Einmal im Monat tragen die Bäume Früchte. Die Früchte sind das Geschenk des Geistes, das den Völkern gegeben wird, und die Blätter sind für ihre Heilung. Dies wird die Völker auf der Erde heilen, den einen Großen Körper zusammenzubringen, wo die einzelnen Mitglieder nicht miteinander im Widerstreit liegen. Der eine Fuß wird nicht sagen: Ich gehe nach Westen. Und der andere wird nicht sagen: Ich gehe nach Osten. Der Körper wird eins sein, weil die Völker geheilt sind. Es wird eine Welt geben, nicht unter den Vereinten Nationen, sondern unter dem König Christus, dem Herrn der Welt.

Lukas 4; 22 - 23: 'Seine Rede fand bei allen Beifall; sie staunten darüber, wie begnadet er redete und sagten: Ist das nicht der Sohn Josefs? Da entgegnete er ihnen: Sicher werdet ihr mir das Sprichtwort vorhalten:'Arzt heile dich selbst! Wenn du in Kapernaum so große Dinge getan hast, wie wir gehört haben, dann tu sie auch hier in deiner Heimat. Und er setzte hinzu: Amen, das sage ich euch: Kein Prophet wird in seiner Heimat anerkannt.'

Hier sind zwei Punkte von Bedeutung, der eine:'Arzt, heile dich selbst', was die Leute von Nazareth, die Christus ablehnten, zu Jesus sagten. Und der zweite Punkt ist der, daß ein Prophet niemals im eigenen Lande akzeptiert wird! Die Leute sagten: 'Wenn du ein so großer Arzt bist, wie du vorgibst zu sein, dann heile dich selbst!' In den Tagen, die uns jetzt bald bevorstehen, wird es so viele Spötter und Höhner geben, die zu den Arbeitern der Geheimschulen sagen werden:'Wenn du diese Gabe hast, dann heile dich doch selbst!' Denn viele von euch sind nicht vollkommen gesund. Vielleicht ist dieser unvollkommene Zustand für die Erfüllung des Wortes da, und vielleicht seid ihr so geboren worden, damit dieses Werk gezeigt werden kann, so wie der Mensch, der von Jesus geheilt wurde! Der Meister sagte, sein Zustand sei nicht den Sünden der Mutter oder des Vaters zuzuschreiben oder sogar seinen eigenen Sünden, sondern er sei so, damit er ein Beispiel sein könne. Darum sollen die Überlebenden es demonstrieren und sich selbst heilen, wenn die anderen sagen:'Heile dich selbst!', denn es liegt an jedem Menschen selbst, sich durch Christus zu vervollkommnen und völlig gesund zu machen.

LORD ARAMU-MURU (GOTT MERU)

Liebe, Licht und Frieden all denen, die sich mit ihrem Körper, ihrem Herzen und ihrer Seele als Teil der Bruderschaft der Sieben Strahlen fühlen. Für all diejenigen, wo immer sie sein mögen, die sich als Teil des Königreiches Christi auf der Erde fühlen, das sich bald selbst offenbaren wird.

In der Geschichte der Geheimschulen auf der Erde ist es bisher noch nicht vorgekommen, daß so jemand in meiner Position aufgerufen worden ist oder dem tatsächlich die Befugnis gegeben wurde, eine offene Einladung auszusprechen und zu verbreiten, und zwar an all diejenigen, die ihr Kreuz auf sich nehmen wollen und dem Meister nachfolgen. Es ist eine Einladung an sie, sich an der Arbeit der Geheimschulen - auch bekannt als Bruderschaft der Sieben Strahlen - zu beteiligen.

In Kürze werden die Trommeln des Krieges zu hören sein - die Ergänzung der Bruder-Trommel des Todes und der Zerstörung - wenn die vier wilden Reiter wie der Nachtwind über die Erde rasen.

Off. 18; 4: 'Dann hörte ich eine andere Stimme vom Himmel her rufen: Verlaß die Stadt, mein Volk, damit du nicht mitschuldig wirst an ihren Sünden und von ihren Plagen mitgetroffen wirst.'

Off. 22; 10 - 17: 'Und er sagte zu mir: Versiegle dieses Buch mit seinen prophetischen Worten nicht! Denn die Zeit ist nahe. Wer Unrecht tut, tue weiter Unrecht, der Unreine bleibe unrein, der Gerechte handle weiter gerecht, und der Heilige strebe weiter nach Heiligkeit. Siehe, ich komme bald, und mit mir bringe ich den Lohn, und ich werde jedem geben, was seinem Werk entspricht. Ich bin das Alpha und das Omega, der Erste und das Letzte, der Anfang und das Ende. Selig, wer sein Gewand wäscht: Er hat Anteil am Baum des Lebens, und er wird durch die Tore in die Stadt eintreten können. Draußen bleiben die 'Hunde' und die Zauberer, die Unzüchtigen und die Mörder, die Götzendiener und jeder, der die Lüge liebt und tut. Ich, Jesus, habe meinen Engel gesandt als Zeugen für das, was die Gemeinden betrifft. Ich bin die Wurzel und der Stamm Davids, der strahlende Morgenstern. Der Geist und die Braut aber sagen: Komm! Wer hört, der rufe: komm! Wer durstig ist, der komme. Wer will, empfange umsonst das Wasser des Lebens.'

Off. 22; 17: 'Der Geist und die Braut sagen; Komm!'

Dies bezieht sich auf 'Komm heraus, mein Volk!' Der Geist und die Braut sagen: Komm!'

Off. 22; 17: 'Wer hört, der rufe: Komm!'

Wer hört? Mit anderen Worten, der, der hört und versteht, wird die Führung übernehmen und sagen: Komm!

Off. 22; 17: 'Wer durstig ist, der komme.'

Auch derjenige ist eingeladen, den nach spiritueller Erkenntnis hungert und dürstet. Komm heraus aus ihr, mein Volk, aus der abscheulichen Stadt Babylon. Mit 'Babylon' ist hier keine Nation gemeint, sondern der Materialismus der Welt. Dies ist eine offene Einladung an all diejenigen, die sich orientieren wollen an dem Rechten und Guten, an der Wahrheit, dem Licht und dem Frieden und der Bruderschaft.

Wir von der Bruderschaft der Sieben Strahlen haben das erste Mal in der metaphysischen Geschichte ein Zentrum errichtet, das außerhalb unseres eigenen Klosters am Titcaca-See liegt. Wir laden alle Schüler des Lichts ein, unabhängig von Alter, Geschlecht, Rasse, Bekenntnis, Hautfarbe oder Ideologie, mit uns zusammenzuarbeiten. Aber nur diejenigen, die dazugehören, werden ihren Weg zum Tor des Klosters finden. Nur die, die dazugehören, werden aus diesem Grund kommen, wenn sie auch sogar den nächsten Tag im Stich lassen; es war notwendig, daß sie kamen.

Die blutige Vernichtungsschlacht von Armageddon ist schon am Horizont sichtbar und wird sich bald ereignen. Die Kräfte des Bösen richten sich auf ihren endgültigen Todeskampf der Dunkelheit auf der Erde ein. Wir hören den Marschschritt, denn sie marschieren jetzt - gerade jetzt - auf den ätherischen Ebenen, um sehr bald eine physische Manifestation auf der Erde zu finden. Aber die große Streitkraft wird im Kataklysmus verschluckt werden, wenn die Inseln sich von ihren Plätzen auf der Erdoberfläche fortbewegen, so wie es geschrieben steht; und wenn es Feuer (wirkliches Feuer) vom Himmel regnet und der Engel den großen Stein ins Meer wirft als ein Zeichen für alle Nationen und Völker.

Wir sagen:'Komm heraus, unser Volk!' Ihr, die ihr wie Daniel die Handschrift gelesen habt, wie sie im Feuer an der Wand der gegenwärtigen Zeit geschrieben steht, die, die ihr in eurem Herzen erkennt, daß jetzt die Zeit ist, wo unsere Älteren Brüder kommen; die, die ihr wißt, daß die Älteren Brüder euch bald sagen werden: Kommt hervor, kommt!

Wir bitten euch - so wie unsere gesegneten Älteren Brüder die jungen, reichen Herrscher baten, die so für den Dienst bestimmt waren - wir bitten euch, alles aufzugeben: eure 'Kronen', eure 'Juwelen' und eure 'Schätze', die ihr auf der Erdoberfläche angesammelt habt.

Dies ist eine Prüfung ihres Vertrauens. Als Abt des Klosters der Bruderschaft der Sieben Strahlen garantiere ich - und ich spreche im Licht des Vaters - daß sie die erstaunlichsten Offenbarungen einer spirituellen Natur erleben werden, wenn sie auf alles verzichten; so wie ihr sogar für diese Arbeit alles aufgebt. Ja, indem ihr auf alles verzichtet, werdet ihr große 'Schätze' finden, die ihr euch niemals erträumt habt. Insbesondere in Brasilien oder sogar in unserem eignen Land Peru werdet ihr zusammen in buchstäblichen Tonnen von Gold und Juwelen stehen, dem angesammelten Erdenreichtum über Jahrhunderte und Jahrtausende hinweg. Juwelen und

Schätze, die den Verstand des Menschen aus dem Gleichgewicht bringen. Aber wir bieten diese Juwelen nicht denen an, die alles aufgeben und auf alles verzichten. Die Juwelen bedeuten ihnen gar nichts. Dies ist Gottes seltsames Paradoxon: Gib' alles auf und du wirst dich selbst inmitten der größten Schätze finden, die die Welt jemals gesehen oder gekannt hat; aber dann werden sie dir nichts mehr bedeuten, und du wirst weder auf sie versessen sein noch sie als dein eigen wünschen.

Der sich selbst erhöht, wird erniedrigt werden. Erniedrigt euch selbst, und ihr werdet erhöht werden. Sei ein König, und du wirst ein Sklave werden, aber sei ein Sklave, und du wirst ein König werden.

Wir sagen jetzt, hört auf eure ruhige, schwache Stimme in euch. Kommt hervor und tut ein Zeichen! Wenn ihr an diese Dinge glaubt, die euch gesagt wurden, dann tut durch ein Zeichen kund, daß ihr sie glaubt. Wir können nicht die Spiritualität von himmlischer Art haben und doch an dem Fleisch der physischen Welt teilhaben. Laßt uns Seinen Fußstapfen folgen - dem, der uns allen als unser Älterer Bruder bekannt ist - Er, der sanftmütig, niedrig und gering war. Es ist unser Aufruf an alle von euch, die diese Botschaft des Lichts, der Wahrheit und des Friedens lesen und verstehen und lieben; es ist ein göttlicher Aufruf des Vaters: 'Bereitet die vorbereiteten Menschen vor, denn dein Älterer Bruder wird bald zu euch sprechen!'

Gott, der Vater, hat gelobt:'Ich werde sie zu meinem Heiligen Berg bringen. Ja, wahrhaftig, ich werde sie in Wahrheit und Frieden auf meinen Heiligen Berg bringen.' Komm hervor, mein Volk. Komm in Freude! Schreite im Frieden weiter!

Viele werden von dieser Botschaft nicht angesprochen werden, da sie im Materialismus ganz aufgehen, obwohl sie diese Botschaften lesen und ein Interesse in spirituellen Dingen vortäuschen. Aber die Zeit ist da, wo alle diejenigen, die wahrhaftig glauben, ein Zeichen geben und Ihm folgen müssen, Der der Weg, die Wahrheit und das Leben ist. Wenn Er der WEG ist, brauchen wir keinen anderen; wenn Er die WAHRHEIT und das LEBEN ist, brauchen wir es nicht woanders zu suchen. Der, der sein Leben opfert, wird es wahrhaftig finden; der, der das weltliche Leben opfert, wird Ewiges Leben finden.

ALBERTUS MAGNUS, einer der größten Forscher des Mittelalters, Dominikaner, 'Doctor universalis', kosmischer Eingeweihter und im Herzen Demütiger, bringt uns in diesem Buch, welches Axel Ertelt geschrieben hat, bringt uns in diesem Buch der Wahrheit der Geschichte näher.

Mit diesem Buch hat Skriver, 1967 schon seiner Zeit lange voraus, sich der Tier- und Tötungsfrage gewidmet. Im Feuergeiste Christi rückt er der mißverstandenen Lehre vom Leben in allem zu Leibe. Eindringlich und überzeugend vermittelt er jedem Leser, daß 'Gott Licht ist, und in ihm keine Finsternis' und legt die Konsequenz in der Handlung aus dieser Motivation für uns alle dar.

Pendeln gehört in den Bereich der Geheimlehre. Für die Pendelschule Saint Germains in Höhr-Grenzhausen, haben Geist-Chemiker und Geist-Ärzte neue Pendeldiagramme durch H.J. Starczewski entwickeln lassen, so daß es heute möglich ist, viele Informationen von Körper, Seele und Geist in wenigen Augenblicken zu erfassen. Pendeln kann auch Gefahren mit sich bringen für die Personen, die nicht pendeln dürfen.
In diesem Band I erfahren die Interessenten alles Wissenswerte.

Hanns-Joachim Starczewski, Verleger, Lichtbildner der Barlach'schen Skulpturen und vieler Bildbände berühmter Bildhauer, wurde von der Hierarchie des Himmels gerufen, um sich mit seinem Team sofort in Kontakt zu setzen. Der mediale Künstler kosmsicher Farbradierungen ist selbst ein Medium geworden, ein Heilkanal Gottes, zu dem aus aller Welt kranke Menschen zur Heilung und Beratung kommen.

Saint Germain

VERLAG FÜR RADIÄSTHESIE ESOTERIK METAPHYSIK

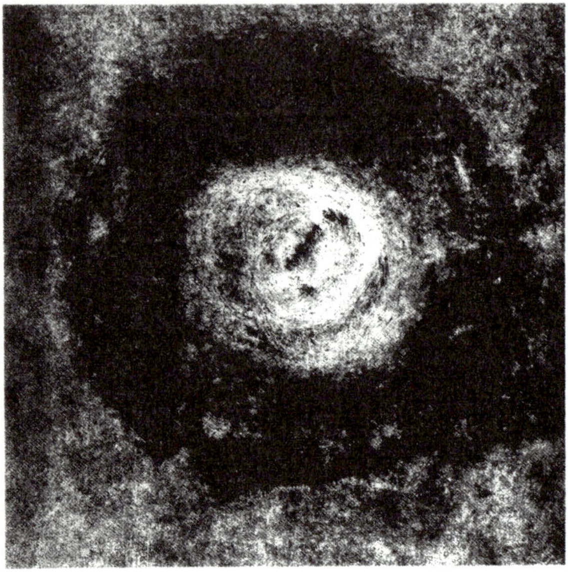

2 Verlage des Neuen Zeitalters

HANNS-JOACHIM STARCZEWSKI